第十八辑 EASTLING 东方语言学

《东方语言学》编委会

上海师范大学语言研究所

上海教育出版社

目 录

中古汉语的第三身代词和旁指代词*

浙江大学　汪维辉

内容提要　本文讨论中古汉语的第三身代词和旁指代词两个问题。关于第三身代词，文章简要介绍了已有的主要结论和尚待深入探讨的问题。中古的旁指代词有"他、余、异、诸、别"五个，文章逐一予以讨论，重点是"诸"和"别"，因为"诸"还无人论及，而"别"则特别重要，并通过考察四种典型语料分析了五个旁指代词的语体差异。"他"作为上古汉语最重要的旁指代词，进入中古以后向第三身代词转变，主要职能发生变化。"他"空出的位置就由"余、异、诸、别"来填补，并最终以"别"胜出而定局。"他、余、异、诸、别"用作旁指代词的语义来源各不相同。从语体差异看，"他、异、余"大概都是承用自上古汉语的书面语词，而"别"则是中古新兴的口语词，而且语义单一，所以具有其他几个词所没有的生命力，一直沿用至今。"诸"作旁指代词虽然也是中古时期新产生的用法，但是由于语义上的局限性，不可能胜出，后世也只是在书面语中偶一用之而已。

关键词　中古汉语；汉译佛经；第三人称代词；旁指代词

汉语的代词系统在中古时期发生了剧变，比如：第三身代词从无到有，"伊"和"其/渠"产生，"他"从旁指代词向第三身代词转化，到唐代确立；一批新兴代词或新的书写形式在文献中出现，如"你，阿谁，阿堵，如馨，尔馨，宁馨，何物，几许，几多，多少，早晚，何当，那（nǎ），若为，自己"等，有的可以确定是南方方言词，如"侬（农），阿侬，阿傍，个，底"等；第一人称代词在通语中归一化，统一为"我"；旁指代词繁复化，有"他，余，异，诸，别"五个，还有多种双音形式，等等。中古代词的研究已经取得了丰硕的成果，但是也有不少问题还有待进一步深入。本文讨论第三身代词和旁指代词两个问题。

一、第三身代词

关于汉语第三身代词及其在中古时期的面貌，已经有许多研究，下面简单介绍一下已有的主要结论和尚待深入的问题。

---

* 本项研究得到香港特区政府香港研究资助局资助项目"汉语代词在历史上几个重要变化之动因研究——以佛教及佛经翻译对汉语发展演变的影响为视角"（18600915）的经费支持（项目负责人为朱庆之教授）。本文初稿曾经在"汉译佛经与中古汉语代词研究"工作坊（2018年12月28—30日/香港教育大学中国语言学系）上报告，承蒙董秀芳教授就如何界定"旁指代词"等问题提出富有启发性的讨论，魏培泉教授也提出了相似的意见。会后陈淑芬副教授来信与我讨论"异"的问题，并发来她的文章供我参考。修改时对上述三位的意见有所吸收，谨此统致谢忱。文中如有错误，概由作者负责。

1. 已有结论

汪维辉、秋谷裕幸《汉语第三人称代词的现状和历史》是这方面的最新研究，文章指出：

> 汉语的第三人称代词在历史上经历了从无到有的过程，上古汉语没有专职的第三人称代词，"彼、夫、其、之、厥"都不是真正的第三人称代词，现代方言中通行的三个第三人称代词，"其/渠"可以追溯到战国后期，"伊"始见于魏晋之际，"他"确立于唐代。

该文的主要结论有：

（1）"他"的真正确立是在唐代。学者们讨论过的众多唐以前的例子，都还是泛指"别人"，不能确认为有定的第三身代词。

（2）"渠"是从"其"变来的。第三身代词"其"的来源至少可以追溯到战国后期。"其"用作独立句主语的可靠例子至少可以追溯到东汉后期，而且它的后起写法"渠"在《三国志》中也出现了，所以把它的确立年代定为东汉后期应该是没有问题的。推测"其/渠"在古代的通行地域应该比今天要广，它的北域可能达到黄河以北。

（3）第三身代词"伊"可能来自指示代词"伊"，但是演变的过程无从考证。《世说新语》是频繁使用"伊"的第一部文献，共有 14 例，均见于对话。另一部集中出现"伊"的文献是时代稍后的《周氏冥通记》，共见到 6 例，均作主语，且都出现在叙述语中，不见于对话（对话中都用"其"）。除这两部书外，我们还收集到唐以前的 6 个例子。这些"伊"都是第三身代词，没有作第二人称代词的，有人认为其中的个别例子是第二人称代词，其实都是误解。[①] 从这些例子的使用情况来看，"伊"最初可能是一个北方方言词，至少存在于今河北、河南、山西、山东一带。这个"伊"后来大概又被一批中原移民带到了今天的闽语地区，并一直沿用下来，主要保存在沿海闽语中。

2. 待解问题

尚存的问题主要有：

（1）中古是"他"向第三身代词转变的关键时期，到南北朝后期，在一些佛经文献中（如《百喻经》），第三身代词"他"已经呼之欲出了。第三身代词"他"的产生跟佛经翻译有密切关系（参看俞理明 1993：75—80 等），其中是否有源头语的影响，值得进一步探究。

（2）"伊"在两汉以前的传世文献中没有见到，先唐翻译佛经里也不见踪影，好像是魏晋时期突然冒出来的。它的来龙和去脉都存在不少疑问。

（3）如果魏晋南北朝时期北方的第三身代词是"伊"（汪维辉、秋谷裕幸 2017），那么为什么北方的翻译佛经中"伊"毫无踪影？从译经的实际使用情况来看，当时应该也是"其"（魏培泉 2004），那么为什么到唐代以后北方的"其"又被"他"取代了呢？

（4）"其"与"之"的关系。"其"用作介词宾语、间接宾语至少不会晚于作独立句的主语（李明 2017），但是用作主要动词的独立宾语（出现在句末）的例子在唐以前还没

---

① 参看许峻玮《关于〈世说新语〉中"伊"的两个问题》，将刊于《汉语史学报》第二十辑。

有发现（魏培泉 2004：51—52），这个位置还是"之"的地盘（郭锡良 1980/2005；魏培泉 2004），如《奏弹刘整》："其道汝偷车校具，汝何不进里骂之？"主语用"其"，宾语用"之"，这个现象还有待解释。

俞理明（1993：72）说：

比较特殊的是佛经中有用于句末作宾语的"其"：

⑥ 昔者菩萨乘船渡海，采宝济乏。海边有城，苑园备有，华女临渚，要其辈曰："斯国丰沃，珍宝恣求，可屈入城，观民有无。"（《六康^①集经》卷四，3—19.3）

⑦ 孙曰："吾不求天女为妃者，王必杀其。"傥因人以闻。王曰："吾当以其血为陛升天。"孙即绝食，退寝不悦。王惧其丧，即以妃焉。（同上卷八，3—45.1）

⑧（商人见人获龙欲杀）即取八牛，放龙女去。时商人寻复念言："此是恶人，恐复追逐，更还捕取。"即自随逐看其。向到池边，龙变为人。（东晋·佛陀跋陀罗《摩诃僧祇律》卷三十二，22—488.3）

句末的"其"用例很少，我们发现的用例又都见于南方译经，这恰与现在南方一些地区方言用"其"作第三人称代词相应，但就汉语共同语来说，"其"并没有成为一个第三人称代词。

其实这三个例子都不可靠，辨析如下：

例⑥并没有用于句末作宾语的"其"字，"要其辈曰"的"其"是定语。俞书应有误。

例⑦魏培泉（2004：51）也引了，说："但因文句的解读仍有问题，所以断句未必无误。"语焉而不详。此处有异文："傥因"宋本作"傥国"，元、明本作"党国"。推测原文可能应作"其党因人以闻"，即皇孙的从人（其党）通过人（当是国王身边的人）把皇孙想要"求天女为妃"的意思告诉了国王，因为皇孙自己不好意思明说，所以要通过"其党因人以闻"。要之，此例的文字和断句都存在疑问，不能确定原文一定是作"王必杀其"。

例⑧当断句作："即自随逐，看其向到池边，龙变为人。""其"作小句的主语。

综上所述，唐以前"其"作主要动词的独立宾语、出现在句末的例子迄今还没有发现。

二、旁指代词^②

"旁指代词"是指示代词的一个次类，用来指称眼下所提到的"这一个"之外的同类事物，语义上相当于英语的 other、another，现代汉语主要有"别（的）""旁（的）""其他（的）"这几个词。它们所指的对象总是跟特定的"这一个"（显性的或隐性的）相对而言的。^③

---

① 维辉按：当作"度"。

② 本文修改期间得见友生胡波博士发表于《汉语史学报》第十九辑的《旁指代词"他、异、余／别"历时替换考》（上海教育出版社 2018 年），该文分上古汉语、中古汉语、近代汉语三个时段，对旁指代词"他、异、余／别"的历时替换做了比较全面的考察，不少问题都有比较深入的讨论，因此我将初稿的这一部分作了较多的修改，凡是胡文已有正确论述的就不再重复，请读者参看该文。特此说明。

③ 语言学界对这一类代词的定性、命名和归类等都很不一致，彭爽（2007：9—10）用表格形式直观地列出了自 1928 年以来有代表性的各家的名称和例词，可以参看。这里不展开讨论。

　　中古汉语的旁指代词有"他、余、异、诸、别"五个。[①] 根据代词的"单一性/准单一性"特征（王力 1958/1980：268—269，朱庆之 2012），可以初步判断它们不是同一个系统的成分，而是不同系统的迭置。那么它们之间究竟是一种什么样的关系呢？下面逐一加以讨论，重点是"诸"和"别"，因为"诸"还无人论及，而"别"则特别重要。

1. 他（它、佗）

　　"他"又写作"它、佗"，[②] 是一个古老的旁指代词，上古就很常用。"他"作旁指代词有一个特点，就是除了经常用作定语外，还可以单用，先秦只能作宾语，如《诗经·鄘风·柏舟》："之死矢靡它。"《左传·哀公二十六年》："皋如曰：'寡君之命无他，纳卫君而已。'"西汉开始可以用作主语，如《史记·儒林列传》："公孙弘为学官，悼道之郁滞，乃请曰：'丞相御史言：……请著功令。佗如律令。'制曰：'可。'"（郭锡良 1980：81；胡波 2018：20）

　　据已有研究，"他"作"别人"讲，汉末以前未见（郭锡良 1980：82；俞理明 1993：75；胡波 2018：22），目前所见最早的可靠例子是东汉昙果共康孟详译的《中本起经》卷一："众人问佛：'向者一女，并舞至此，瞿昙岂见之耶？'佛告众人：'且自观身，观他何为？'"（T4/148c）这个"他"与"自"相对，是指"别人"无疑。（俞理明 1993：75；胡波 2018：22）这正是"他"后来发展成为第三身代词的内因。

　　随着时间的推移，到中古后期，"他"在口语中用来指"别人"越来越多，用作一般旁指代词的就减少了。在《世说新语》和《百喻经》这两部时代相近（5世纪中后期）的书里，"他"都很常用，但是用法存在明显的差异：

　　《世说新语》都是旧用法，义为"别的，其他的"，主要作定语，构成"他人，他意，他言，他语，他日，他异"等双音词语，有 2 例"无他"，"他"指代"别的事情/缘故"，没有指人的；《百喻经》则除了组成"他家，他舍/他屋舍，他园，他国，他土，他妇/他妇女，他鼻，他目，他界/他境界，他邪说，他头陀，他善法"等词语外，还多反映新用法，常见"他"单独指人的用法，指代"别人"，共有 19 例，如：旁人语言："汝自愚痴，云何名彼以为痴也？汝若不痴，为<u>他</u>所打，乃致头破，不知逃避。"……如彼愚人，被<u>他</u>打头，不知避去，乃至伤破，反谓<u>他</u>痴。（以梨打头破喻）雄鸽见已，方生悔恨："彼实不食，我妄杀<u>他</u>。"即悲鸣命唤雌鸽："汝何处去！"（二鸽喻）这些"他"都还不是真正的第三身代词，但已经处于向第三身代词过渡的后期，像最后一例的"他"就是回指上文被雄鸽啄杀的雌鸽，跟今天的用法已经很接近了。[③] 我们相信《百喻经》的用法更贴近口语，而《世说新语》更多地反映了书面语。

　　胡波（2018：24）对南北朝 7 部文献中"他"的两种用法做了统计，数据如下：[④]

---

　　① 俞理明（1993：134）还讨论过一个"边"，因为并不是一个真正的旁指代词，这里略而不论。此外还有一个"旁（傍）"，《汉语大字典》和《汉语大词典》也都列有"别的；其他的"一义，但是在中古时期用例很少且不典型（参看彭爽 2007：18），故本文也从略。可参看胡波（2018：22 脚注①）。

　　② 以下除引原文外统作"他"。

　　③ 以上参看汪维辉（2010）。

　　④ 为便于比较，文献的排列顺序略有调整。

词项 \ 用法 \ 文献	《贤愚经》	《杂宝藏经》	《百喻经》	《世说新语》	《周氏冥通记》	《齐民要术》	《颜氏家训》	合计
他　"别的"	24	25	15	15	2	5	11	97
他　"别人"	28	38	27	0	0	0	0	93

两种用法的总数基本持平，但是三部佛经指"别人"都多于指"别的"，而四部中土文献则无一例外都只有指"别的"、没有指"别人"。这也可以证明我们的上述推断。也就是说，到中古后期，"他"在口语中已经以指"别人"为主，指"别的"的旧用法正在衰落。

2. 余

"余"的旁指代词用法"别的；其他"和形容词用法"多余的；剩余的"如何区别是一个问题。我们认为，所谓旁指代词，其本质就是跟特定的"这一个"相对待的"其他"同类事物，所以在上下文中"余"处于跟特定的"这一个"相对待就是判断的关键因素。根据这一标准，"余"在先秦典籍中还没有见到用作旁指代词的典型例子，《大字典》《大词典》"余"字条该义项下所引的先秦用例都有问题。

《大字典》：

> ⑤ 其他的，以外的。《广雅·释诂三》："余，皆也。"王念孙疏证："《逸周书·籴匡解》：'余子务艺。'孔晁注云：'余，众也。'《论语·雍也篇》云：'其余则日月至焉而已矣。'是'余'为皆、共之词也。"《史记·高祖本纪》："与父老约，法三章耳：杀人者死，伤人及盗抵罪。余悉除去秦法。"

《大词典》：

> ⑦ 其余的；其他的。《诗·大雅·云汉》："周余黎民，靡有孑遗。"郑玄笺："黎，众也……周之众民多有死亡者矣，今其余无有孑遗者。言又饥病也。"

《逸周书》例的上下文是："成年年谷足，宾、祭以盛。大驯锺绝，服美义淫。皂畜约制，供余子务艺。宫室城廓修为备，供有嘉菜，于是日满。"① 其中的"余子"并无比较的对象。这种"余子"古人多训为"庶子"，如《左传·昭公二十八年》《魏戊余子》杜预注："卿之庶子为余子。"② 孔晁注《逸周书》"余，众也"也是这个意思，而不是"别的，其他的"之意。《论语》例，"其余"是指"下剩的"，"余"也不是旁指代词。《诗·大雅·云汉》"周余黎民"的"余"显然也是"剩余的"义，非旁指代词。③《大字典》所引的《史记·高祖本纪》"余悉除去秦法"才是旁指代词"别的，其他的"，作主语。这个"余"强调的是"法三章"之外的，而不是剩余的，所以应该看作旁指代词。事实上这种作主语的"余"在《史记》中已经比较常见，"余皆……"的文例就有至少八例，具引如下：

（1）是时高祖八子：长男肥，孝惠兄也，异母，肥为齐王；<u>余</u>皆孝惠弟——戚姬

---

① 据黄怀信、张懋镕、田旭东撰《逸周书汇校集注》（修订本），上海古籍出版社 2007 年，上册，72—75 页。

② 参看《逸周书汇校集注》（修订本）该句下注，74 页。

③ 关于先秦文献中的"余"还不是旁指代词，胡波（2018：23）有讨论，可参看。

子如意为赵王，薄夫人子恒为代王，诸姬子子恢为梁王，子友为淮阳王，子长为淮南王，子建为燕王。（吕太后本纪）

（2）十一月晦，日有食之。十二月望，日又食。上曰："……太仆见马遗财足，余皆以给传置。"（孝文本纪）

（3）至太初百年之间，见侯五，余皆坐法陨命亡国，耗矣。（高祖功臣侯者年表）

（4）幽公之时，晋畏，反朝韩、赵、魏之君。独有绛、曲沃，余皆入三晋。（晋世家）

（5）乃行收兵，得数万人，号武臣为武信君。下赵十城，余皆城守，莫肯下。（张耳陈余列传）

（6）或说楚将曰："布善用兵，民素畏之。且兵法，诸侯战其地为散地。今别为三，彼败吾一军，余皆走，安能相救！"（黥布列传）

（7）主爵都尉汲黯是魏其。内史郑当时是魏其，后不敢坚对。余皆莫敢对。（魏其武安侯列传）

（8）济南瞷氏宗人三百余家，豪猾，二千石莫能制，于是景帝乃拜都为济南太守。至则族灭瞷氏首恶，余皆股栗。（酷吏列传·郅都）

"余悉……""余皆……"的用法均未见于先秦文献。除作主语外，《史记》中也有"余"用作定语的例子，如：

（9）于是周公言于成王，复封胡于蔡，以奉蔡叔之祀，是为蔡仲。余五叔皆就国，无为天子吏者。（管蔡世家）

（10）陵曰："无面目报陛下。"遂降匈奴。其兵尽没，余亡散得归汉者四百余人。（李将军列传）

（11）郑大夫石癸曰："吾闻姞姓乃后稷之元妃，其后当有兴者。子兰母，其后也。且夫人子尽已死，余庶子无如兰贤。今围急，晋以为请，利孰大焉！"（郑世家）

（12）书及玺皆在赵高所，独子胡亥、丞相李斯、赵高及幸宦者五六人知始皇崩，余群臣皆莫知也。（李斯列传）

这种作主语和定语的"余"在《史记》中都很常见，可见当时旁指代词"余"应该已经产生。[①]

根据已有研究，[②]"余"在中古时期经常用作旁指代词。据胡波（2018：24）对魏晋南北朝 11 部文献的统计，"余"的出现总数达 131 次，仅次于"他"（190 次），远远多于"别"（40 次）和"异"（34 次），由此可见"余"在中古旁指代词系统中所处的地位。

"余"在中古主要作定语，也可以作主语和宾语，如：

（1）而问之言："余更无地，殿前作池？"（北魏慧觉等译《贤愚因缘经·檀弥离品》）

（2）王蓝田拜扬州，主簿请讳，教云："亡祖、先君，名播海内，远近所知；内讳不出于外。余无所讳。"（《世说新语·赏誉》）

---

① 胡敕瑞（2002：208）和胡波（2018：23）都认为旁指代词产生于东汉后期，恐怕尚可提前。

② 参看俞理明（1993：135—138）、江蓝生（1988：254）、蔡镜浩（1990：400）、李维琦（2004：362—364）、胡波（2018：23—24）等。

（3）梦中不见余，但见佛，但见塔。（支谶译《道行般若经》卷二，8/435b）

（4）往昔之世，有富愚人，痴无所知。到余富家，见三重楼，高广严丽，轩敞疏朗，心生渴仰。（《百喻经·三重楼喻》）

作定语最常见，可以自由地修饰 NP，文献所见的组合有：余人，余佛，余天，余官，余时，余辰，余事，余道，余法，余乘，余益，余言，余家，余处，余地，余国，余屋，余门，余物，余材，余异，余肴，余肉，余骨，余病，余疾，余证，余方，余药，余席，余祖，余艺，余经，余富家，余僧坊，余智者，余声闻，余恶道，余妇女，余六龙，余作人，余降受，余众比丘，余一切众，等等。

除单用外，还可以和其他词组成"余他、他余、诸余、自余"等双音形式。

3. 异

"异"作旁指代词，上古即常见，主要作定语，也可作宾语（少见）。下面是"二典"的相关词条。

《大字典》"异"条：

　　③ 其他；别的；另外的。杨树达《词诠》卷七："异，旁指指示代名词，与'他'义同。"《论语·先进》："吾以子为异之问，曾由与求之问。"《吕氏春秋·上农》："农不敢行贾，不敢为异事。"高诱注："异犹他也。"唐王维《九月九日忆山东兄弟》："独在异乡为异客，每逢佳节倍思亲。"

《大词典》"异"条：

　　③ 其他；别的。参见"异人①"、"异邦"、"异乡②"、"异族"。

　　【异人】①他人；别人。《诗·小雅·頍弁》："岂伊异人，兄弟匪他。"高亨注："异人，别人，外人。"《史记·老子韩非列传》："规异事与同计，誉异人与同行者，则以饰之无伤也。"清唐甄《潜书·吴弊》："吴人发冢，非异人，即其子孙也。"

　　【异邦】外国。《论语·季氏》："邦人称之曰君夫人……异邦人称之亦曰君夫人。"宋苏轼《寄周安孺茶》诗："岂但中土珍，兼之异邦鬻。"郭沫若《黑猫》六："难忘江畔语：休作异邦游！"

　　【异乡】②他乡；外地。南朝宋鲍照《东门行》："一息不相知，何况异乡别。"前蜀韦庄《上行杯》词之二："惆怅异乡云水，满酌一杯劝和泪。"……

　　【异族】外民族；外国。清邹容《革命军·绪论》："汝国中执政者为同胞欤？抑异族欤？"鲁迅《坟·摩罗诗力说》："苟拒异族之军，虽用诈伪，不云非法。"

其实《大词典》中还有以下诸条，"异"亦此义：

　　异土：犹他乡，别处。引《墨子》《晋书》等。

　　异方：②指异域，异国。首引旧题汉李陵《答苏武书》。

　　异地：①他乡；外国。首引唐诗。

　　异名：②别称，别名。首引《水经注》。

　　异事：①他事；别的事。引《礼记》《吕氏春秋》。

　　异物：②不同之事；其他事物。引《管子》《墨子》《韩非子》等。

　　异舍（shè）：①另外住房。引《墨子》。

　　异故：别的原因。引《战国策》《韩非子》。

异室：③别人的家室。引《墨子》。

异时：③以后；他时。首引《史记》。

异域：①他乡；外地。首引《楚辞·九章·抽思》。

异略：②犹他图。引唐杜牧文。

异国：外国；他乡。引《墨子》《汉书》等。

异望：①其他期望。引《左传》《后汉书》《文选·王俭〈褚渊碑文〉》。

异境：②犹异域，他国。首引《文献通考》。

异县：指异地，外地。引汉陈琳《饮马长城窟行》及《颜氏家训》。

可见"异"作旁指代词可以修饰的名词颇多，而且这一用法在书面语中一直沿用。除了上述组合外，汉魏六朝文献所见的"异+NP"还有：异日，异处，异衣，异邑，异郡，异计，异心，异志，异图，异意，异学，异法，异论，异我，异道人，等等。

"异"在中古时期只能作定语，不能作主语和宾语。有些组合从上古以来一直常用，比如"异日"，《文选·陆机〈文赋〉》"佗日殆可谓曲尽其妙"李善注："赵岐《孟子章句》曰：'它日，异日也。'"可见"异日"在东汉还是"常语"。"异时"在中土文献和汉译佛经中都很常见，指"别的时间"，通常用于叙述过去的事情，所以颜师古注《汉书》常把它解释为"往时""先时"。

《世说新语》未见旁指代词"异"，而佛经中此类"异"字还颇为常见。[1] 胡波（2018：24）统计南北朝7部文献中"异"的出现次数是：《贤愚经》18，《杂宝藏经》13，《百喻经》《周氏冥通记》《颜氏家训》各1[2]，《世说新语》和《齐民要术》都是0。这些数据也明显地表现出佛经与中土文献的差异：中土文献已经几乎不用"异"，而佛经中还比较常用（《百喻经》除外）。这个现象的原因还有待探索。胡波（2018：26）认为："在'余''别'的强势冲击下，'异'至迟在南北朝后期就已经退出了旁指代词的历史舞台。"这个结论恐怕还需要斟酌。

"他""异"有时构成对文，意义相同，如：

（1）乃与他姓异族谋害社稷，亲其所疏，疏其所亲，有逆悖之心，无忠爱之义。（《汉书·武五子传》）

（2）虎啸之时，风从谷中起；龙兴之时，云起百里内。他谷异境，无有风云。（《论衡·寒温》）

（3）谢承《后汉书序》曰："士庶流宕，他州异境。"（《文选·皇甫谧〈三都赋序〉》"流宕忘反"李善注）

（4）世人多蔽，贵耳贱目，重遥轻近。少长周旋，如有贤哲，每相狎侮，不加礼

---

① 陈淑芬（2018）研究了三本《维摩诘经》中"异"所对应的梵文词，发现共有五类，其中就有"其他的"：anya，para，pṛthak。文章63页（3）的表格列出了支谦、鸠摩罗什和玄奘三家对梵文 anya 的不同翻译，有三组尤能说明"异"的旁指代词性质：f. 他—他—异；h. 异学—外道—外道；i. 异刹—他方—余世界。

② 《百喻经》中除了"异人"一例外，还有一例"异学"：是时会中有异学梵志五百人俱，从座而起，白佛言："吾闻佛道洪深，无能及者，故来归问。唯愿说之。"（引言）翻译佛经中的"异学"是指"（佛教以外的）别的学说"，又译作"外道"，参看陈淑芬（2018）。因此这个"异"也应该看作旁指代词，也就是说，《百喻经》的"异"应该是2例而非1例。

敬；<u>他乡异县</u>，微藉风声，延颈企踵，甚于饥渴。（《颜氏家训·慕贤》）

"异"的语义阻碍了它发展成为一个纯粹的旁指代词，因为它的主导义位是"奇异的；奇特的"和"不同的"。比如"异人"，既可指"奇异之人"，如《世说新语·容止》："林公来，守门人遽启之曰：'有一异人在门。'"也可指"别的人"，如《百喻经·老母捉熊喻》："更有异人来至其所。"（佛经中常用作此义）。"异人"一词就存在歧解。又如《百喻经·效其祖先急快餐喻》："妇闻其言，谓有异法，殷勤问之。""异法"不知是"奇异之法"还是"别的方法"。《百喻经·老母捉熊喻》："作诸异论，既不善好，文辞繁重，多有诸病，竟不成迄，便舍终亡，后人捉之，欲为解释，不达其意，反为其困。""异论"是"怪异之论"还是"别的议论""不同之论"，也不明确。《伤寒论》卷二《伤寒例第三》："其不两感于寒，更不传经，不加异气者，至七日太阳病衰，头痛少愈也；……若更感异气，变为他病者，当依旧坏证病而治之。"这两个"异气"应该是指"别的气"，与"他病"的"他"同义。《黄帝灵枢经》卷十一《官能第七十三》："知解结，知补虚泻实，上下气门，明通于四海，审其所在，寒热淋露，以输异处，审于调气，明于经隧，左右肢络，尽知其会。"这个"异处"也应该是指"别的地方"。而《素问》"异法方宜论篇第十二"的"异法"就不容易明了是指"别的法"还是"特异之法"。

4. 诸

"诸"用作旁指代词，未见有人论及，"二典"则均有收列，不过始见书证没有早于唐代的。

《大字典》"诸"条：

⑩ 别的；其他。唐白居易《冬夜示敏巢》："他时诸处重相见，莫忘今宵灯下情。"宋王谠《唐语林·补遗》："高宗朝，太原王，范阳卢，荥阳郑，清河、博陵崔，陇西、赵郡李等七姓，恃有族望，耻与诸姓为婚，乃禁其自婚娶。"元王实甫《西厢记》第五本第四折："小生为小姐受过的苦，诸人不知，瞒不得你。"

《大词典》"诸"条：

⑤ 别的；其他。唐·元稹《生春》诗："年年最相恼，缘未有诸丛。"宋·杨万里《过杨村》诗："石桥两畔好人烟，匹似诸村别一川。"清·蒲松龄《聊斋志异·田七郎》："我诸无恐怖，徒以有老母在。"

又"诸人"条：

② 别人。唐谷神子《博异志·崔玄微》："诸人即奉求，余不奉求。"元杨暹《西游记》第十一出："诸人怕你吃，恁爷不怕你吃。"

"诸方"条：

③ 别的方位；别的地方。《太平广记》卷二六四引五代王仁裕《王氏见闻·韩伸》："又或云某方位去吉，即往之，诸方纵人牵之不去。"《景德传灯录·池州南泉普愿禅师》："僧辞，问云：'学人到诸方，有人问和尚近日作么生，未审如何祗对。'"

"诸事"条：

② 别的事。唐李绰《尚书故实》："吾诸事不足法，惟书画可法。"③ 别的物品。元乔吉《金钱记》第一折："待要与他些甚东西为信物，身边诸事皆无，只有开元通宝金钱五十文，与他为表记。"

"诸姓"条：

③ 别的姓氏。《太平广记》卷二二引唐陈翰《异闻集·仆仆先生》："有姓崔者，亦云名崔；有姓杜者，亦云名杜。其诸姓亦尔。"

"诸家"条：

③ 别的人家。唐刘禹锡《浑侍中宅牡丹》诗："今朝见颜色，更不向诸家。"唐白居易《樱桃花下有感而作》诗："风光饶此树，歌舞胜诸家。"

"诸处（chù）"条：

① 他处。唐元稹《放言》诗之三："必若乖龙在诸处，何须惊动自来人？"唐白居易《龙门下作》诗："筋力不将诸处用，登山临水咏诗行。"唐谷神子《博异志·崔玄微》："主人甚贤，只此从容不恶，诸处亦未胜于此也。"

实际上此义中古已经产生，比如下面这些例子：

（1）良地十石，多种博谷则倍收，与诸田不同。（《齐民要术·苴、蓼第二十六》）

（2）《异物志》曰："梓棪……其实类枣，着枝叶重曝挠垂。刻镂其皮，藏，味美于诸树。"（《齐民要术》卷十"五谷、果蓏、菜茹非中国物产者·梓棪一四四"）

（3）至于六斋，常有中黄门一人，监护僧舍，衬施供具，诸寺莫及焉。（《洛阳伽蓝记》卷三"大统寺"）

（4）说法之时，戏论诸法，不答正理，如彼仙人不答所问，为一切人之所嗤笑。（《百喻经·小儿争分别毛喻》）

（5）齐武成帝子琅邪王，太子母弟也，生而聪慧，帝及后并笃爱之，衣服饮食，与东宫相准。帝每面称之曰："此黠儿也，当有所成。"及太子即位，王居别宫，礼数优僭，不与诸王等；太后犹谓不足，常以为言。（《颜氏家训·教子第二》）

"诸"作旁指代词与它表示"众；各"的常义有时不易区分，判断的标准是看它在具体语境中是否跟一个特定的对象形成对比，比如下面这个例子：

（6）王于四角起大高楼，多置金银及诸宝物，王与夫人及诸王子悉在上烧香散花，至心精神。（《洛阳伽蓝记》卷五"闻义里"）

句中的"诸宝物"和"诸王子"都是泛指，并没有特定的比较对象，因此仍然是"众；各"义。而例（5）的"诸王"则是与"琅邪王"相对待，因此应该理解为"别的（各位）王"。又如下例：

（7）永康（安）中，北海入洛，庄帝北巡，自余诸王，各怀二望，惟徽独从庄帝至长子城。（《洛阳伽蓝记》卷四"宣忠寺"）

"自余诸王"句，"自余"已经是"其余，别的"义，所以"诸"仍然是"各"义，不是旁指代词。

根据这样的判断标准，我们认为上举（1）—（5）例的"诸"已经是旁指代词，它们都有特定的比较对象，强调的是"这一个"之外的"别的××"，"诸"的确切含义是"别的（各/众）"，而不是单纯的"各/众"。

"诸"还可以跟其他旁指代词同义并列，组成"诸余""诸别"。《大词典》"诸余"条：

① 其他；其馀。唐王建《赠人》诗之二："朝回不向诸余处，骑马城西检校花。"《敦煌变文集·八相变》："未向此间来救度，且于何处大基缘，当时不在诸余国，示现权居兜率天。"元关汉卿《金线池》第三折："只除了心不志诚，诸余的所事儿聪明。"

所引的始见书证也是唐代的。其实"诸余"中古时期即已出现，俞理明（1993：137）引了下面两例：

（8）其从阿阇世所诸余菩萨悉皆言："若文殊师利在所方面，亦复如佛无有空时。"（支谶《阿阇世王经》卷下，15—405.1）

（9）譬如彼一日之官殿，照大石帝须弥山王，次复照诸余大山，次照黑山，后乃照陵阜丘垤及地处所。（竺法护《如来兴显经》卷二，10—599.1）

中古佛经中"诸余"多见。辛岛静志编《妙法莲华经词典》有"诸余"条（368页），释义为"other"，引例为：如是大果报，种种性相义，我及十方佛，乃能知是事。是法不可示，言辞相寂灭，诸余众生类，无有能得解，除诸菩萨众、信力坚固者。（《妙法莲华经·方便品第二》，《大正藏》9/5c26）异译经竺法护译《正法华经》对应的文句作"诸群黎类"（《大正藏》9/68a25）。

"诸别"，俞理明（1993：140）举了一例：

（10）尔时彼所求女门师大婆罗门将阎浮金女形行者，既睹于彼跋陀罗女见已，问彼诸别女言："此女是谁？谁家所生？"（隋·阇那崛多《佛本行集经》卷四十五，3—863.2）

从这种同义连文形式的存在，也可以反证"诸"在中古时期确实产生了旁指代词的用法。

俞理明（1993：137—138）还提到"余诸"，举了下面两例：

（11）于是猫复以偈答曰："面色岂好乎？端正皆童耶？当问威仪则，及余诸功德。"（竺法护《生经》卷一，3—74.3）

（12）帝释并一商那天，及余诸天众、护世四天王，皆来就此座。（北魏·吉迦夜《杂宝藏经》卷六，4—477.1）

这两个例子恐怕都有问题。"余诸"不是一个同义连文形式，"余"是旁指代词，"别的"，"诸"则是常义"众；各"，"余诸功德"就是别的各种功德，"余诸天众"就是别的各种天众。不管从语义上还是节奏上，"余诸"都不应连读。

虽然已往研究中未见有人提及"诸"有旁指代词的用法，但是通过上文的论述，我们认为"诸"从中古起的确可以用作旁指代词，后代的书面语里也一直有沿用。"诸"的特点是只用于指称复数的对象，搭配能力有限，所以用例不多，也难以发展成一个地道的旁指代词。

5. 别

"别"是中古时期新生的旁指代词。先秦典籍中有修饰名词的"别"，但不是旁指代词，如《礼记》有"别子"，《礼记·大传》"别子之后也"孔颖达疏："别子谓诸侯之庶子也。诸侯之嫡子嫡孙继世为君，而第二子以下悉不得祢先君，故云别子。"可见"别子"之"别"是相对于"嫡子"之"嫡"而言的，是形容词。其余像"别姓"（《礼记》）指异姓，"别国"（《韩非子》）指分开来的国，《史记》《汉书》中常见的"别将"，是分别在其他地方的将，《汉书·高帝纪》"项梁尽召别将"颜师古注："别将，谓小将别在他所者。"这些"别"都还不是旁指代词。

俞理明《佛经文献语言》"五、旁指代词"之"3.别（别余、余别、诸别）"云：

"别"本义是分解，引申为支别，与正、嫡、主相对，表示次要的、辅助的、非正统的。用作旁指代词，它在六朝还处于萌芽状态，并不很常用。（139页）

"别"也可以组成双音结构"别余""余别""诸别"。（140页）

魏培泉（2004：320—322）云：

（236）佛言："听为比丘尼别作住处。"彼比丘尼便在别住处作技教他作。（佛陀耶舍共竺佛念1428：928上）

例（236）的第一个"别"为状语，第二个"别"作定语，由此也可略见其转变之迹。

（237）时比丘共一器盛饭，佛言："应分余器中别食，若无别钵，听食时留半与彼食。……"（同上：954下）

例（237）中"别食"的"别"仍有"分开"之意，但"别钵"大概不会是"分开的钵"的意思，因此应是旁指。和此例中的另一个旁指的"余"相较，"别"指涉的似乎是特定的个体。

（240）语诸商人："……若不杀萨薄，则以钱物力，或自身力，或以他力，必能得贼，我当余处宿去，时当唤我。"诸人言："尔。"亿耳驱驴别处宿。（弗若多罗共罗什1435：179上）

例（240）的"他力"应指他人之力，而"余处"和"别处"则当同为"别的住处"之义。

（241）过去世时，有五百仙人住雪山中，有一仙人于别处住。（佛陀跋陀罗共法显277中）

（242）一日与多比丘往其家，一日与二比丘往其家，复别日独往。（僧伽婆罗2043：169下）

（243）若欲学草书，又有别法。（王羲之，全上古三代秦汉三国六朝文1610下）

（244）非有别义。（南齐书·礼乐志）

（245）云他日又独立者，他日，又别日也。（论语季氏皇侃集解义疏）

以上诸例的"别"皆为旁指，而从例（245）又可见当时"他日"已为"别日"所取代。①

据目前所见的材料，旁指代词"别"较早的用例见于东汉后期的《太平经》："愚生得天师教敕者，归别处，思惟其意，各有不解者，故问之也。"（《太平经·国不可胜数诀第一百三十九》）根据已有研究②和我们的调查，"别"作为旁指代词在中古汉语中实际上已经相当常用了，并非如俞理明（1993：139）所说"用作旁指代词，它在六朝还处于萌芽状态，并不很常用"。唐以前"别+NP"组合有：别日，别床，别屋，别室，别宅，别房，别庐，别廓，别馆，别邸，别观（guàn），别宫，别殿，别寝，别第，别府，别庙，别坊，别门，别营，别屯，别库，别曹，别国，别区，别域，别邑，别沼，别山，别制，别本，别

---

① 胡波（2018：25）对"别日"的使用情况作了详细考察，认为"当时'他日'已为'别日'所取代""这一说法恐怕还需再作斟酌"。

② 参看：《世说新语辞典》"别""别本""别日"诸条，《世说新语词典》"别""别本""别卢"诸条，汪维辉（2007b：165）"别"条，邓军（2008：263），胡波（2018：25），等。

诏，别敕，别处，别道，别路，别铛，别器，别瓮，别钵，别炉，别绢，别水，别法，别佛，别义，别名，别号，别称，别条，别书，别篇，别图，别牒，别牍，别集，别疏，别告，别纸，别状，别序，别目，别录，别旨，别理，别传，别记，别经，别译，别部，别格，别启，别示，别使，别虑，别计，别解，别派，别昧，别风，别色，别军，别兵，别校，别赏，别子，别胤，别种，别祖，别宗，别职，别业，别例，别仪，别神，别氏，别干，别气，别用，别属，别省，别光，别板，别住处，别丧主，别一贴，别一片，别一法，别一纸，别一手，别余疮，别小名，别调度，别田舍，别真手，等等。不过这些"别"有的往往还带有"副的"之意，处于向旁指代词转变的过程中。

今天常用的"别人"，唐以前也已经见到少量用例。据谭代龙（2006）研究，最早见于北周天和五年（570 年），稍后的隋阇那崛多译《佛本行集经》中也有用例。到唐代口语里就比较常见了。①

南朝梁周子良撰、陶弘景整理的《周氏冥通记》，约三万字，用了 22 个旁指代词"别"，有如下一些组合：别记（9）②，别床（2），别处，别廨，别宇，别目，别屋，别小名，别三卷，别一纸。另有"余别"一例，系同义连文；"如别""依别"各一例，"别"用作宾语。下面举些例子：

（13）十二年秋，其家中表亲族来投山居，乃出就西阿别廨住。（卷一）

（14）乃颇说所见，具如别记。（卷一）

（15）去冬欲潜依冥旨，逆须别宇，托以方便，冒求构立。（卷一）

（16）今谨撰事迹凡四卷，如别，上呈。（卷一"启事"）

（17）此承依别，自是赵于保命四承居火者，名威伯，河东人，主记仙籍并风雨水领五芝金玉草事。出《真诰》。（卷一）

（18）于时子平亦在别床眠。（卷一）

（19）子良是其本父乍生便名此，无别小名也。（卷二）

（20）按，徐玄（云）"定录授《子玄经》"，检别目云"六月二十七日华阳童宣定录君旨，授太霄隐书《玄真内诀》"云云，而今函中亦无此事，恐与同房俱别封也。（卷二）

（21）别屋两小儿，并被录置。（卷三）

（22）其五六七月并具有，即前别三卷；自八月后至今年七月末，止有此年目录，无更别记。（卷四）

（23）余别自语，所不能了。（卷四）"余别自语"犹言"其他的自言自语"。

（24）云轻于九转，易于九转，此别一纸，无日月。（卷四）

（25）已历问同住人，大小咸云：不觉见垣内埋药，亦不闻木白捣声。恐或别处作，不论耳。（卷四）

而该书中"他"只有 2 例：当示传泄不由于己，杨、许先迹，亦是佗述故也（卷一）。今且何意往他人处食脯？（卷二）"异"仅 1 见：（华）侨乃流沉河水，身没异方，得脱以

---

① 参看：汪维辉. 东汉—隋常用词演变研究（修订本）[M].北京：商务印书馆 2017：67.
② 括号里的数字是出现次数，未加括注的都是 1 次。

来，始十四年耳。（卷三）"余"有 8 例，其中作主语"余悉具足" 2 例，"自余" 1 例，作定语"余神鬼""余处""余者""余人""余事"各 1 例。"诸"未见。"别"的出现次数是"他""异""余"总和的两倍。这应该是当时口语的真实反映。

北方的《齐民要术》中"别"也很常见，一共有 18 例，"别器"（ 6 例 ）、"别瓮"（ 6 例 ）、"别铛"（ 2 例 ）多见，还有"别绢""别水""别名""别传（ zhuàn ）"，这些组合通常不用同义的"他、异、余"，只有"余瓮"见到 1 例。①

以上两种口语性比较强的语料可以证明，到五六世纪的南北方口语里，"别"已经占据优势了。② 跟"诸"一律指称复数不同，"别"所指多为单数。

6. 语体差异

我们通过四种典型语料来分析一下五个旁指代词的语体差异。③

文献＼词项	他（它、佗）				余				别				异	诸
	定语	主语	宾语	小计	定语	主语	连文	小计	定语	宾语	连文	小计	定语	定语
《世说新语》	13	0	2	15	9	1	3	13	7	0	0	7	0	0
《冥通记》	2	0	0	2	5	2	1	8	19	2	1	22	1	0
《齐民要术》	13	1	2	16	23	7	7	37	18	0	0	18	1	2
《百喻经》	21	2	19	42	9	0	0	9	0	0	0	0	2	2

说明：四部语料是《世说新语》《周氏冥通记》《齐民要术》④《百喻经》。"他""余""别"三个词根据用法分为若干小类。有些疑似的例子从宽计入。各书小标题中出现的概不计入。

值得注意的有如下几点：

第一，"别"在《周氏冥通记》中占绝对优势，《齐民要术》中也不少，排在第二位，说明在当时的南北方口语中"别"都已经占据了重要的地位。可是《百喻经》中却一例也没有，用得最多的还是"他"（不过"他"的新用法也最集中），这一现象该如何解释呢？这也许跟翻译佛经的用语习惯有关。

第二，"他"虽然在其他三部书中都还比较多见，但是《周氏冥通记》中却只有 2 例，这是值得注意的，说明旁指代词"他"当时很可能已经基本退出口语，主要保留在书面语中。《要术》有 2 例"他"指"别人"，作宾语，也值得注意，说明在南北朝后期的中土文

---

① 本文对《周氏冥通记》和《齐民要术》中旁指代词的统计数据与胡波（ 2018：24 ）有出入。

② 胡波（ 2018：25 ）认为"别"在南北朝"似乎已经有了取代'他'的趋势"，这是正确的。据他研究，"'别'至迟在宋代的口语里就已经取代'他'和'余'而成为旁指代词的主导词"。（胡波 2018：28 ）

③ 这四种语料胡波（ 2018：24 ）也作了统计，但是数据有出入。

④ 卷前《杂说》已被证明是唐以后人所阑入，故不计入。

献中"他"也正在变作第三身代词。

　　第三，"诸"用例很少，是边缘成分，后世也没有发展，在中古时期大概也缺乏口语基础。"异"则有所不同，虽然在这四部文献中用例也很少，但是在南北朝的其他佛经中还比较常见（详见上文第3部分），它的性质还有待确定。

7. 小结

　　"他"作为上古汉语最重要的旁指代词，进入中古以后向第三身代词转变，主要职能发生变化。"他"空出的位置就由"余、异、诸、别"来填补，并最终以"别"胜出而定局。

　　"他、余、异、诸、别"用作旁指代词的语义来源各不相同。"他"是"它"的俗字，《说文解字·它部》："它，虫也。从虫而长，象冤曲垂尾形。上古艸居患它，故相问'无它乎'。蛇，它或从虫。"段玉裁注："上古者，谓神农以前也；相问'无它'，犹后人之'不恙''无恙'也。语言转移，则以无别故当之，而其字或叚佗为之，又俗作他，经典多作它，犹言彼也。"据段说，旁指代词"他"来自于上古的问候语"无它"。"余"来自"余下的，剩下的"义，"异"来自"不同的"义，"诸"来自"各个"义，"别"来自"分别"义。在跟特定的某一个相对而言时，它们都可以指代"别的，其他的"，用作旁指代词。不过"余、异、诸"的常用义都太强势，所以很难蜕变为地道的旁指代词；而"别"在作定语时意义单一，一般只能理解成"其他的；另外的"，比如"别人"，一定是指"其他人"，可以是单数，也可以是复数，而"余人""异人""诸人"都存在歧义。因此"别"作为旁指代词语义上最合格，这是"别"到了近代汉语以后最终胜出的一个重要原因。

　　从语体差异来看，"他、异、余"大概都是承用自上古汉语的书面语词，而"别"则是中古新兴的口语词，所以具有其他几个词所没有的生命力，到近代汉语阶段得到了空前的发展，取代了其他几个，一直沿用至今。"诸"作旁指代词虽然也是中古时期新产生的用法，但是由于语义上的局限性，不可能胜出，后世也只是在书面语中偶一用之而已。

　　"别"作旁指代词虽然一般不能单独充当主语，单独作宾语的也很少，但是它可以自由组合成"别NP"结构，指称各种事物，表意上不存在任何困难。"别N"这一双音形式也顺应了中古以后词汇双音化的趋势。到了近代汉语阶段，"的（底）"的产生又为"别"提供了强大的支撑，"别的（底）"这个"的字结构"可以替代几乎所有的NP。这也是"别"最终胜出的一个重要原因。

参考文献

蔡镜浩. 魏晋南北朝词语例释［M］. 南京：江苏古籍出版社，1990.

陈淑芬.《维摩诘经》中"异"与"恶"之语意探析［J］. 佛光学报，2018，4（2）.

邓军. 魏晋南北朝代词研究［M］. 上海：上海人民出版社，2008.

方一新，王云路. 中古汉语读本（修订本）［M］. 上海：上海教育出版社，2018.

郭锡良. 汉语第三人称代词的起源和发展［J］. 语言学论丛，1980（6）// 郭锡良. 汉语史论集（增补　　本）［M］. 北京：商务印书馆，200.

何融. 谈六朝时期的几个代词［J］. 中山大学学报，1961（4）.

胡波. 旁指代词"他、异、余 / 别"历时替换考［J］. 汉语史学报，2018（19）.

胡敕瑞.《论衡》与东汉佛典词语比较研究［M］. 成都：巴蜀书社，2002.

黄盛璋. 古汉语的人身代词研究［J］. 中国语文，1963（6）.

江蓝生. 魏晋南北朝小说词语汇释［M］. 北京：语文出版社，1988.

蒋冀骋. 近代汉语代词"伊""与么"考源［J］. 语文研究，2015（2）.

李明. 从"其"替换"之"看上古—中古汉语的兼语式［J］. 当代语言学，2017（1）.

李如龙. 闽南方言的代词［M］// 李如龙，张双庆. 中国东南部方言比较研究丛书第四辑·代词. 广州：
　　　暨南大学出版社，1999.

李维琦. 佛经词语汇释［M］. 长沙：湖南师范大学出版社，2004.

刘坚，江蓝生，白维国，曹广顺. 近代汉语虚词研究［M］. 北京：语文出版社，1992.

柳士镇. 魏晋南北朝历史语法［M］. 南京：南京大学出版社，1992.

柳士镇.《世说新语》词法特点初探［M］// 柳士镇. 语文丛稿. 南京：南京大学出版社，1998.

吕叔湘. The Third Person Pronouns and Related Matters in Classical and Modern Chinese（说汉语第三身代词）
　　　［J］. 华西协合大学中国文化研究所集刊，1940，1（2）// 吕叔湘. 吕叔湘文集（2）. 北京：商务印
　　　书馆，1990.

吕叔湘著，江蓝生补. 近代汉语指代词［M］. 上海：学林出版社，1985// 吕叔湘. 吕叔湘文集（2）. 北
　　　京：商务印书馆，1992.

吕叔湘. 非领格的其［M］// 吕叔湘全集（7）. 沈阳：辽宁教育出版社，2002.

马建忠. 马氏文通［M］. 北京：商务印书馆，1983.

梅祖麟. 关于近代汉语指代词——读吕著《近代汉语指代词》［J］. 中国语文，1986（6）.

梅祖麟，杨秀芳. 几个闽语语法成分的时间层次［J］. 台北："中研院"历史语言研究所集刊，1995，
　　　66（1）// 梅祖麟语言学论文集. 北京：商务印书馆，2000.

彭爽. 现代汉语旁指代词的功能研究［M］. 长春：东北师范大学出版社，2007.

太田辰夫. 中国语历史文法（修订译本）［M］. 蒋绍愚，徐昌华. 北京：北京大学出版社，1958/2003.

太田辰夫. 中古（魏晋南北朝）汉语的特殊疑问形式［J］. 中国语文，1987（6）.

谭代龙. 汉文佛典里的"别人"考［J］. 语言科学，2006（3）.

唐为群，张咏梅.《百喻经》"我""尔""他"研究［J］. 湖北民族学院学报，2000（2）.

唐正大. 关中方言第三人称指称形式的类型学研究［J］. 方言，2005（2）.

汪维辉. 东汉—隋常用词演变研究［M］. 南京：南京大学出版社 / 北京：商务印书馆（修订本），
　　　2000/2017.

汪维辉. 六世纪汉语词汇的南北差异——以《齐民要术》与《周氏冥通记》为例［J］. 中国语文，2007（2）.

汪维辉.《齐民要术》词汇语法研究［M］. 上海：上海人民出版社，2007.

汪维辉.《百喻经》与《世说新语》词汇比较研究（上）［J］. 汉语史学报，2010（10）.

汪维辉，秋谷裕幸. 汉语第三人称代词的现状和历史［J］. 汉语史学报，2017（17）；中国人民大学书
　　　报资料中心《语言文字学》全文复印，2018（5）.

王力. 汉语史稿（中册）［M］. 北京：科学出版社 / 北京：中华书局，1958/1980.

王力. 汉语语法史［M］// 王力文集（11）. 济南：山东教育出版社，1990.

王云路，方一新. 中古汉语语词例释［M］. 长春：吉林教育出版社，1992.

魏培泉. 汉魏六朝称代词研究［M］. 语言暨语言学，专刊甲种之六. 台北："中研院"语言学研究所，

2004.

吴福祥. 敦煌变文人称代词初探［J］. 青海师范大学学报，1995（2）.

吴福祥. 敦煌变文语法研究［M］. 长沙：岳麓书社，1996.

吴福祥. 敦煌变文 12 种语法研究［M］. 郑州：河南大学出版社，2003.

杨伯峻，何乐士. 古汉语语法及其发展（修订本）［M］. 北京：语文出版社，2001.

俞理明. 佛经文献语言［M］. 成都：巴蜀书社，1993.

遇笑容. 《贤愚经》中的代词"他"［J］. 开篇，Vol. 20.（日本）好文出版，2000.

詹秀惠. 世说新语语法探究［M］. 台北：学生书局，1973.

张万起. 世说新语词典［M］. 北京：商务印书馆，1993.

张永言主编. 世说新语辞典［M］. 成都：四川人民出版社，1992.

周法高. 中国古代语法·称代编［M］. 台北："中研院"历史语言研究所专刊之 39，1959/北京：中华书局，1990.

朱冠明，陈中源. 义净译经中的"他"和"将"——以《根本说一切有部毗奈耶》为例［M］// 语林传薪——胡奇光教授八十华诞庆寿论文集. 成都：四川教育出版社，2014；中国人民大学书报资料中心《语言文字学》全文复印，2015（2）.

朱庆之. 上古汉语"吾""予/余"等第一人称代词在口语中消失的时代［J］. 中国语文，2012（3）.

Norman，Jerry. *Chinese*［M］. Cambridge·NewYork·Melbourne：Cambridge University Press，1988.

中国民族语言声调类型的实证研究

中国社科院民族研究所　　黄　行

内容提要　中国有声调语言主要分布于汉藏语系的汉语、侗台语、苗瑶语和藏缅语，声调类型可分四声型和非四声型，不同类型语言声调的形成机制既有共性又有差别。本文试图以穷尽的语料和实证的方法讨论中国民族语言普遍分布与对应的四声八调型声调系统的发生学、类型学和接触学的形成机制，以及声调与其他语音属性之间的对立、互补和相关关系。

关键词　东亚语言；声调类型；声母清浊；元音长短；辅音韵尾

1. 中国语言声调的分布

根据 *The World Atlas of Language Structures*（2005）第 13 章"声调"（Tone），世界语言的声调类型分无声调、简单声调系统、复杂声调系统等三种类型。分类指标主要是，仅依靠平调高低区分的属简单声调类型，如果平调之外还有升调、降调之分，则属复杂声调类型。中国语言为东亚型的声调，与非洲等地声调不仅类型差异较大，也更复杂。

据《中国的语言》《中国语言地图集》等文献所收约 130 种中国的民族语言，汉藏语系的侗台语、苗瑶语和汉语东南方言以及非汉藏语的京语（越南语）、俫语（巴琉语）、回辉语（占语）属声调复杂型语言；汉语官话属声调简单型语言；藏缅语总体属声调简单型语言，通常靠近南方的语言或方言有声调，靠近北方的语言或方言没有声调或声调不发达；南亚语多没有声调，有声调的语言或方言声调通常因语言接触而后起；阿尔泰语系语言、朝鲜语和南岛语系语言都属无声调语言。全国有声调或有声调潜质的语言超过 90 种，占语言总数的 70%。

2. 中国语言声调的类型

2.1　四声型

中国的声调语言主要为类型相当一致的汉语、侗台语、苗瑶语等四声型语言。这种类型语言声调的产生有共同的机制，一般认为平上去入四声的产生与辅音尾音的变化有关。具体演变模式是：（欧德里古尔 1954；潘悟云、冯蒸 2000 等）

韵尾		声调
元音和鼻音	→	平声
喉塞音	→	上声

擦音	→	去声
塞音	→	入声

目前保持这种声调格局的语言十分罕见，但仍有留存。例如苗语川黔滇方言罗泊河次方言的声调即由平、上、去、入4个调类和3个调值组成，基本保留古苗语的四声格局。

调类	调值	阴调（母语词/汉借词）	阳调（母语词/汉借词）
A（平声）	31	斑鸠 n̠ʔqa³¹ / 鸡 qe³¹	拍 mpzi³¹ / 镰 len³¹
B（上声）	55	盐 n̠ʔtsi⁵⁵ / 孔 qhoŋ⁵⁵	鱼 mpji⁵⁵ / 马 ma⁵⁵
C（去声）	24	爬树 n̠ʔtɕi²⁴ / 过 qwa²⁴	孤儿 mpja²⁴ / 箸筷子 zo²⁴
D（入声）	31	肚脐 n̠ʔto³¹ / 漆 tshe³¹	糯 mplo³¹ / 十 yo³¹

四声产生之后的声调还可以继续分化。比较普遍的四声分化模式包括：

（1）声母因清浊的高低（清高浊低）产生阴调（来自清声母）和阳调（来自浊声母），4 声 × 阴阳 2 调 =8 调，即为诸语相当一致的四声八调的类型。

（2）入声调因元音长短各分2调，即由阴入调和阳入调分化为短阴入调、长阴入调、短阳入调、长阳入调，共10个调（如阳入不分化共9调）；

（3）又因各阴声调声母送气与否各分2调，即5个阴声调各分化出阴平派调、阴上派调、阴去派调、短阴入派调和长阴入派调，遂形成10+5=15个调。

汉藏语中声调最多的侗语15个声调的形成与分化过程，即可以追溯为上述模式。（石林 1991）

平		上		去		入					
清	浊	清	浊	清	浊	清				浊	
—	—	—	—	—	—	短		长		短	长
—	送气	—	—	送气	—	—	送气	—	送气	—	—
1	1'	2	3	3'	4	5	5'	6			
阴平	阴平派	阳平	阴上	阴上派	阳上	阴去	阴去派	阳去	短阴入	短阴入派	长阴入	长阴入派	短阳入	长阳入
1	2	3	4	5	6	7	8	9	10	11	12	13	14	15

2.2 非四声型

藏缅语和南亚语属此类。其与四声八调类型声调的产生和发展模式不完全一样，产生过程似乎更加多样化一些。

（1）藏缅语

根据有亲属关系的有声调和无声调语言同源词的语音对应，藏缅语声调的产生和发展与以下4个方面的因素有关系：（1）声母清浊的变化，（2）复辅音前置辅音的脱落，（3）复杂韵尾的简化，以及（4）音节的合并及邻近语言的影响。（孙宏开 1991）

以藏语为例。藏语保留声母清浊和复辅音的方言一般未产生声调，如安多方言。出现声调的藏语方言（如卫藏方言、康方言）的语音条件包括：（江荻 2002）

语音条件	声调状况
声母清浊对立消失	浊音清化读低调，清音读高调
声母分清浊但复辅音消失	单次浊音读低调，带前置辅音的次浊音读高调
韵尾的脱落或变化	产生升降的调型

藏文创制于公元 7 世纪，当时的藏语还未产生声调；而 7 世纪的汉语已经形成成熟的四声，因此汉语和藏语的声调应该没有发生学关系。所以可以认为原始汉藏共同语阶段还没有形成声调，汉语和藏缅语的声调是独立发生的。

（2）南亚语

孟高棉语族语言原无声调，受声调语言影响少数方言后起声调。它们与无声调语言的语音对应是多样化的。例如，佤语、布朗语和格木语有声调方言与没有声调方言之间的语音对应关系，分别与元音松紧、韵尾类别、辅音送气与否、塞音鼻音清浊等的变化有关：（颜其香、周植志 1995）

有声调方言	无声调方言
佤语细允话 55 调	佤语马散话送气辅音
佤语细允话 33 调	佤语马散话不送气辅音
佤语细允话 55/33 调	佤语艾帅话送气辅音和次紧元音
佤语细允话 11 调	佤语艾帅话不送气辅音和松元音
布朗语胖品话高平调塞音韵尾	佤语艾帅话鼻音韵尾
布朗语胖品话低降调零韵尾	佤语艾帅话喉擦音韵尾
格木语北部方言没有浊塞音和清鼻音	格木语南部方言有浊塞音和清鼻音

（3）南岛语

中国有声调的南岛语仅回辉语（属占语支）。欧德里古尔（1984）通过海南回辉语与东南亚大陆占语同源词的语音比较，归纳出回辉语声调与占语尾音有对应关系。即：

例词	占语	回辉语	占语尾音	回辉语声调
睡	ḍih	ʔdi^{55}	-h 尾音	高平调
四、鸡	pak，mänuk	pa^{35}，nuk^{45}	部分 -k 尾音	中升调或高升调
大	prauŋ	pyok^{33}	部分 -ŋ 尾音	-k 尾中平调
八	pan	pa:t^{21}	部分 -n 尾音	-t 尾低降调
去、来	nao，marai	na:uʔ^{32}，za:iʔ^{32}	部分 -u、-i 尾音	-uʔ 尾、-iʔ 尾中降调

值得注意的是，该文所举 74% 的例词在占语中是多音节或复辅音词，而在回辉语中全部变为单音节和单辅音词。所以可以说明声调的产生与音系的简化特别是与词的单音节化相关。

3. 四声八调型声调系统的形成机制

3.1 跨语言的整齐对应

侗台语、苗瑶语、越南语和汉语有整齐的声调对应，即声调分平上去入四声，又根据声母的清浊各分阴阳八调。

汉语、侗台语、苗瑶语、越南语相同声调系统的语言举例

语言 （斜线前后的数字为调类数和调值数）	平		上		去		入			
	阴	阳	阴	阳	阴	阳	阴短	阴长	阳短	阳长
	1	2	3	4	5	6	7	9	8	10
汉语										
粤语 9/6	55	21	35	13	33	22	55	33	22	
侗台语										
壮语（北部）9/6	24	31	55	42	35	33	55	35	33	
傣语（西双版纳）9/6	55	41	13	11	35	33	55	35	33	
水语 9/7	24	31	33	42	35	55	55	35	43	
侗语（南部）10/8	55	11	323	31	53	33	55	24	21	31
苗瑶语										
苗语（川黔滇）8/8	43	31	55	21	44	13	33		24	
布努语（布努）8/8	33	13	43	232	41	221	32		21	
瑶语（勉）8/8	33	31	52	231	24	13	55		12	
畲语 8/8	22	53	33	42	31	335	35/32		35/54	
南亚语										
越南语（京语）8/6	55	211	214	315	35	11	35		11	

说明：（1）南部侗语除一般阴声调外，还有配合清音送气声母的派调。（2）畲语入声调依母语词（无塞音韵尾）和客家话借词（带塞音韵尾）分别读不同调值。（3）调值少于

调类通常是因为促声调与某些舒声调调值相同。

3.2　母语词与汉语借词的整齐对应

侗台语、苗瑶语和汉语这种声调的对应关系可以同时反映在母语词和汉语借词中。

侗台语母语词和汉语借词调类对应举例

声调	母语词	壮语	侗语	汉语借词	壮语	侗语
阴平	远	$kjai^1$	$ka:i^1$	三	$sa:m^1$	$ha:m^1$
阳平	稻草	$fiəŋ^2$	$pa:ŋ^1$	铜	$toŋ^2$	$toŋ^2$
阴上	小米	$fiəŋ^3$	$fja:ŋ^3$	九	kau^3	tu^3
阳上	水	ram^4	nam^3	五	ha^3	$ŋo^4$
阴去	旋转	pan^5	pan^5	四	sei^5	$çi^5$
阳去	双	kou^6	$tsau^6$	二	$ŋoi^6$	$ɲi^6$
阴入	刀鞘	fak^7	fak^7	七	$çat^7$	$çat^7$
阳入	偷	lak^8 龙州	$ljak^7$	十	$çip^8$	sup^8

苗瑶语母语词和汉语借词调类对应举例

声调	母语词	苗语	瑶语	汉语借词	苗语	瑶语
阴平	三	pe^1	pwo^1	菅茅草	$Nqen^1$	$ga:n^1$
阳平	花	$paŋ^2$	$pjeŋ^2$	铜	$toŋ^2$	$toŋ^2$
阴上	虱子	to^3	tam^3	补	$ntsi^3$	bje^3
阳上	老鼠	$naŋ^4$	$na:u^4$	辫	$ntsa^4$	bin^4
阴去	梦	$mpou^5$	bei^5	炭	$then^5$	$tha:n^5$
阳去	竹笋	$ŋtʂua^6$	$bjai^6$	箸筷子	$ʈeu^6$	$tsou^6$
阴入	黑暗	$tʂou^7$	—	喝	hou^7	hop^7
阳入	咬	to^8	tap^8	十	kou^8	$tsjop^8$

越南语的声调也是完全对等地分布于越南语的母语词和来自汉语的汉越语词中。

越南语母语词和汉越语词调类对应举例

汉语声调	越南语声调	越南语词	汉越语词
阴平	Thanh bằng 平声	ta^1 咱们　$thɤ:m^1$ 香	诗移衣梯灯棉忘
阳平	Thanh huyền 弦声	tau^2 船　$fɛn^2$ 锣	时题河黄
阴上	Thanh hỏi 问声	$hi:u^3$ 明白　$va:i^3$ 布	使体等椅

汉语声调	越南语声调	越南语词	汉越语词
阳上	Thanh ngã 跌声	da^4 已经　mui^4 鼻子	士以免礼
阴去	Thanh sắc 锐舒	bo^5 父亲　tʂaŋ^5 白色	世替意贵岁半
阳去	Thanh nặng 重舒	me^6 母亲　bɤn^6 忙碌	事第弟面异
阴入	Thanh sắc nhập 锐入	hut^7 吸　dop^7 顶撞	识得一滴
阳入	Thanh nặng nhập 重入	dɯːk^8 得到　thit^8 肉	石笛灭逸

汉语、侗台语和苗瑶语之间四声八调的整齐对应曾被认为是声调的同源关系所致，甚至被认为是汉藏语同源最重要的证据（李方桂 1937）。但是如上所述，由于发生学关系更加密切的汉语和藏缅语，以及侗台语和黎语支、仡央语支语言的声调并不对应（梁敏、张均如 1996）。所以声调对应显然不能作为汉语和侗台语、苗瑶语有同源关系的证据。

越南语的声调也与汉语严格对应，证明了无发生学关系语言可以产生相同的声调系统。对此，欧德里古尔（1954）认为可能在公元初期，台语的祖语、上古汉语、共同苗瑶语、越南语都还没有声调，相同韵尾和声母的变化在这四种语言中平行地产生了声调与演变机制。

语言接触的观点认为民族语言由于汉语借词的影响造成语言之间声调的对应。根据声调借用的一般原则，汉语借词进入民族语言后调值相同的声调会合并，调类如果调值不同而不会合并。然而事实却是，侗台语、苗瑶语、越南语中大多数的古代汉语借词和母语词的调类是高度重合的，即以"调类合并"而非"调值合并"为主。这是一个比较难以解释的现象，对此问题学界的看法也颇分歧。

（1）相似性借贷：汉末至隋唐时期，当时尚未分化的壮傣、侗水共同语 ABCD 四调与所接触的南方汉语平上去入四声在调值上分别近似，从而形成调类调值相似性对应的借贷。（吴安其 2002；曾晓渝 2003）

（2）对应性借贷：由于壮、傣、侗、水诸语言与汉语的深刻接触，其汉语借词语音形式与汉语原词语音形式的关系已发展为对应关系（如同今北京话和西南官话相互借贷时声调上的对应），而不是相似关系。（陈保亚 1996）

（3）词汇扩散：侗台语、苗瑶语因借入大量有声调的汉语借词以后，声调逐渐从借词扩散到原本没有声调的母语词中，因此声调虽无同源关系，却可形成整齐对应。（黄行 2008）现代回辉语声调的从无到有即为此类声调产生模式的鲜活案例。（郑贻青 1997）

4. 声调与其他语音属性的相关

4.1　声调与辅音、元音及音节结构的相关

声调是一种后起的超音段语音现象，声调的出现和元音、辅音的变化有相关关系，但不一定是因果关系。*The World Atlas of Language Structures* 根据世界上近 600 种语言样本，

讨论了跨语言声调的繁简与辅音、元音及音节结构繁简的相关关系。结论大体为，辅音和元音平均数量的增加会加大声调的复杂性，但是这种差异在统计学上并不显著；相比辅音和元音，声调与音节结构的复杂性似呈负相关关系：即声调复杂型较明显地与音节适中型而非音节复杂型语言相关，无声调型语言更有可能有复杂的音节结构，而简单声调型语言介于两者之间。

中国语言的声调类型可按声调数量分为以下等级：

声调类型	声调数量	语言数量
复杂	9~15	11
较复杂	6~8	30
适中	4~5	28
简单	2~3	14
非声调	0	8
合计	平均5.3	91

与上述 *The World Atlas of Language Structures* 统计的非显著的"辅音和元音平均数量的增加会加大声调的复杂性"有所不同，中国声调越复杂的语言，辅音和元音数量越呈下降的趋势，但非声调语言和声调适中型语言的辅音和元音数量却无显著差异。

声调类型	辅音数量	元音数量
复杂	22.5	8.1
较复杂	28.9	9.0
适中	33.9	12.8
简单	31.7	11.2
非声调	31.5	12.5
平均	30.3	10.7

所谓音节结构类型是指音节内辅音和元音配置的复杂状况。*The World Atlas of Language Structures* 将基本的 CV（辅＋元）视为简单音节；CVC（辅＋元＋辅）或 CCV（辅＋介＋元）为中等复杂音节；CCV（辅＋辅＋元）、CCCV（辅＋辅＋辅＋元）或 VCC（元＋辅＋辅）……为复杂音节结构。如上所述，声调与音节结构复杂性的负相关关系表现为，声调复杂型较明显地与音节适中型语言相关，无声调型语言更有可能有复杂的音节结构。

参照上述标准，中国有声调语言音节的复杂程度可以用"复辅音声母"（CCV）和"辅音韵尾"（VC、VCC）的数量做参数，即"复辅音声母"和"辅音韵尾"越多，音节越复杂，反之则音节越简单。实证穷尽统计分析的结果为，中国语言的声调与音节结构呈负相关关系，即无声调型语言的音节结构最复杂，而声调复杂型较明显地与音节适中型语言，而不是与音节最简单型语言相关。

声调类型	复辅音声母数量	辅音韵尾数量
复杂	11.4	5.6
较复杂	15.0	3.7
适中	9.5	4.0
简单	43.4	6.3
非声调	57.9	8.0
平均	21.0	4.8

4.2　声调与辅音、元音及韵尾的互补

根据音位学原理，只有对立的语音才可以构成音位，互补的语音只是音位的变体。东亚语言的声调通常是与其他语音特征互补分布的，也即声调通常是与其他语音范畴共同构成音节的区别特征。在实际操作中同一种语言有时将声调处理为音位，其他辅音或元音范畴处理为羡余性特征；亦有时将声母韵母处理为音位，声调音高处理为羡余性特征。这种看似语言学家的游戏，即音位系统似乎可以任意处理，在实际音系归纳时，会影响到将某种具体语言归属为声母韵母丰富的音段型语言，还是归属为声调丰富的超音段型语言的类型学问题。以下分别以较为普遍的辅音清浊、元音长短和韵尾舒促与声调的互补关系为例说明。

（1）声母清浊与声调阴阳

滇东北苗语：

声母	阴调	声母	阳调
清	pa^{22} 床铺	浊	ba^{31} 孵
清	ta^{53} 厚	浊	da^{35} 来
清	$q\mathrm{ui}^{53}$ 后边	浊	Gui^{35} 蒜

由于声母清浊和声调阴阳是互补的，即：

```
          阴调    阳调
清声母     ＋      －
浊声母     －      ＋
```

所以，既可处理为声母区分清浊，声调不分阴阳；也可为声母不分清浊，声调区分阴阳。事实上，该苗语方言文字的字母设计，即是采用第二种方案，其实用价值在于利用声调减少声母字母的数量。

（2）元音长短与声调分化

拉萨藏语（格桑居冕、格桑央京，2002）：

元音	平升调	元音	曲降调
长	pa:^{55}照片	短	pa^{53}猿猴
长	pa:^{13}颈瘤	短	pa^{132}实心竹

元音长短和声调调型平升曲降是互补的，即：

	平升调	曲降调
长元音	+	—
短元音	—	+

拉萨藏语既可处理为区分元音长短，声调只有高、低二调；也可处理为元音不分长短，声调区分平、升、曲、降四调。实践中，如《藏汉拉萨口语词典》（于道全先生主编，1983）转写现代拉萨藏语的"藏语注音符号"，即是采用第二种方案：分4个声调，但元音不分长短。

（3）韵尾塞音/非塞音与声调舒促

西双版纳傣语：

韵尾	舒声调	韵尾	促声调
非塞音	xa^{33}树枝	塞音	xap^{33}狭小
非塞音	xa^{55}腿	塞音	xat^{55}日

韵尾塞音/非塞音和声调舒促也是互补的，即：

	舒声调	促声调
非塞音尾	+	—
塞音尾	—	+

傣语等诸多四声八调语言都是既可处理为区分韵尾辅音，声调不分舒促；也可韵尾不分辅音类别，声调区分舒促。事实上，传统泰文和傣文（及现代壮文等）文字字母的设计，即是采用第一种方案，如傣语有6个舒声调，3个促声调，傣文只用了6个舒声调字母。同此，越南语也有6舒2促8个调，文字只用6个调，即阴去与阴入同调为"锐声"（sắc），阳去与阳入同调为"重声"（nặng），"锐、重"二调的去、入靠韵尾区分。

综上这些因声调与辅音、元音及韵尾互补关系对音系处理方式的影响，从某种程度上可以说明中国语言：（1）声调越复杂的语言，辅音和元音数量越呈下降的趋势；（2）无声调型语言的音节结构最复杂，声调复杂型明显与音节适中型语言，而不是与音节最简单型语言相关这两条初步结论的原因。

5. 结　语

通过有声调、无声调及声调复杂与声调简单型语言的对比，可以总结出东亚语言声调的产生和发展的一些倾向性规律：

（1）声调产生的根本原因是词（根）的单音节化，与音节内部的繁简并无十分显著的相关；因此多音节语言都没有产生声调（tone），但可能有音高重音（pitch accent）的区别。

（2）声调产生和辅音（声母）、元音（韵母）的简化有关，因为声调通常会表现为复辅音消失、浊音清化、元音松紧或长短对立消失、辅音韵尾脱落等现象的补偿，但是这仅限于单音节型语言。多音节语言的音节也可以非常简单（如南岛语、日本语），但是不会产生声调。

（3）声调的出现是渐变的，与相应的声母或韵母的变化要经过一段互为伴随关系的阶段，所以才会出现同一种语言，有的语言学家处理为声调复杂型语言，有的语言学家处理为声调简单型（甚至无声调）语言。

（4）声调是从部分词区分音高开始，逐渐扩散到所有词中的。所以目前有些语言的声调调值并不稳定，且区别功能也较弱，仅靠声调区别的词很少。这种情况在藏缅语中比较普遍。

参考文献

陈保亚. 论语言接触与语言联盟［M］. 北京：语文出版社，1996.

格桑居冕，格桑央京. 藏语方言概论［M］. 北京：民族出版社，2002.

黄行. 东亚语言的声调形式与对应现象［C］//中国民族语言学研究. 北京：社科文献出版社，2008.

江荻. 藏语语音史［M］. 北京：民族出版社，2002.

李方桂. 中国的语言和方言［J］. 中国年鉴，1937.

李云兵. 苗瑶语声调问题［J］. 语言暨语言学，2003，4（4）.

梁敏，张均如. 侗台语族概论［M］. 北京：中国社会科学出版社，1996.

欧德里古尔（冯蒸译）. 越南语声调的起源［C］//中国社会科学院民族研究所语言室. 民族语文研究情报资料集. 1954（7）.

欧德里古尔. 海南岛几种语言的声调［J］. 民族语文，1984（4）.

石林. 侗语声调的共时表现和历时演变［J］. 民族语文，1991（5）.

孙宏开. 藏缅语语音和词汇.［M］. 北京：中国社会科学出版社，1991.

王辅世，毛宗武. 苗瑶语古音构拟［M］. 北京：中国社会科学出版社，1995.

韦树关. 汉越语关系词声母系统研究［M］. 南宁：广西民族出版社，2004.

吴安其. 汉藏语同源研究［M］. 北京：中央民族大学出版社，2002.

严翠恒. 汉越语的音韵特点［J］. 民族语文，2006（5）.

颜其香，周植志. 中国孟高棉语族语言与南亚语系［M］. 北京：中央民族大学出版社，1995.

曾晓渝. 论壮傣侗水语古汉语借词的调类对应—兼论侗台语汉语的接触及其语源关系［J］. 民族语文，2003（1）.

郑贻青. 回辉话研究［M］. 上海：上海远东出版社，1997.

Martin Haspelmath，Matthew S. Dryer，David Gil，and Bernard Comrie. 2005. *World Atlas of Language Structures*，Oxford University Press.

藏语的重叠[*]

江苏师范大学　江　荻

内容摘要　这篇文章从词法和句法角度讨论藏语同形音节的重叠和重复现象。除极少量的同形音节为叠音形式，称为原生重叠，一般音节均具有语素或词的身份。名词亲属称谓和摹声拟态词大多是叠音重叠；少量时空意义重叠词表现周遍性和频度。动词重叠通常构成名词，具有复合词法功能；动词的句法性重复一般也不看作形态，通常表示强调或凸显，但在具体语境中有可能造成体貌意义价值。形容词重叠式有多种结构类型，词根重叠、词缀重叠、变音重叠等。双音节词根重叠是形容词的完形化重叠，跟添加形容词词缀具有同等地位。三音节形容词 ABB 式叠缀仅表达多种色彩意义，AAB 式词根重叠可能只是各地方言零散产生的形式。双音节变音重叠或不完全重叠 BA 式形容词可能来自四音节状态形容词的缩减，一般不具有形态意义。副词重叠通常属于临场组合，不具形态意义。虽然重叠或重复在藏语中数量不多，能产性弱，处于次要地位，出现频度却不小，值得关注。

关键词　藏语；重叠；名词；动词；形容词；副词

1. 名词的重叠类型

1.1　重叠类型

乌瑞（Uray 1954）曾全面讨论藏语的重叠现象，从结构角度区分出六大类重叠形式：

1）词根重叠（stem duplication）

2）词重叠（word duplication）

3）带元音交替的词干重叠（stem gemination with alternating vowels）

4）带元音交替的词重叠（word gemination with alternating vowels）

5）声母交替的重叠（gemination with alternating initials）

6）拟声词三音重叠（triplication，only in onomatopoetic words）

乌瑞采用了不同的术语来表示不同的重叠，后来，沃尔曼（Vollmann 2009）在这个

---

　*　资助基金：国家社科基金项目"藏语的词库与词法研究"（12FYY006），国家社科基金重大课题"基于大型词汇语音数据库的汉藏历史比较语言学研究"（12&ZD174），国家自然科学基金"从世界语言透视东亚人群和语言的起源与演化"（31271337），国家自然科学基金重点项目"基于本体的多策略民汉机器翻译研究"（61132009）。本文曾在"中国民族语学会第 13 次全国学术讨论会"（2018 年 10 月 19—21 日，上海师范大学）发表。

基础上归纳出以下四种分类：

1）词汇重叠（lexical reduplication）

（a）词汇化（lexicalized）

（b）带意义变化（with change in meaning）

2）语法重叠（grammatical reduplication）

（a）分布意义（distributing meaning）

（b）带动词（with verbs）

3）反复（repetition）

4）复现（recurrence）

很明显，乌瑞的分类具有较强的形态学色彩，沃尔曼的分类则具有典型现代语法框架格局。据江荻（2006），藏语是一种复合和词缀派生显赫的语言，它的重叠现象是否也丰富呢？希尔（Nathan W. Hill）提到藏语重叠现象具有多样性功能，能表示强调（emphasis）、拟声（onomatopoeia）、短时重复（temporal repetition）、空间多样性（spatial diversity）等，但未论及重叠作为形态现象相对派生等在藏语中的功能强弱性质。不过，希尔（2014）在文章脚注中指出：重叠的名词化动词后跟 -las 表示阻断行为，这个传统藏语里惟一普遍的用法只见于动词屈折形态而未见于名词派生形态。例如：

1. དེ་ནས་བྱ་ངང་པ་ཀུན་ཏུ་འཕུར་ཞིང་ཚོལ་ཚོལ་བ་ལས་སྐྱེད་མོས་ཚལ་དེ་ན་རྒྱལ་བུའི་སྐད་གྲགས་ནས།།

de-nas bya-ngang-pa kun-tu vphur zhing tshol-tshol-ba-las　　　skyed-mos-tshal

于是　野鸭　　　一切　飞　并　寻找 -REDU-NMZ- 做　花园

de-na　　rgyal-bu-vi skad grags-nas.

那 -LOC　王子 -GEN 叫声 - 连词

野鸭四处飞翔寻找（他），王子的声音响彻公园。①

在另一篇介绍藏语文章中，西蒙和希尔（2015）讨论指小词缀时指出：带指小意义的重叠方法仅限于形容词和动词，不用于名词。这似乎表示重叠的分布领域跟词类有密切关系。

根据白井聪子（Satoko shirai 2014）研究，藏语支语言的重叠具有非能产性和去动词化特征，形容词和动词重叠经常派生名词和副词。这也是分别词类的重叠现象。

1.2　叠音名词

藏语名词重叠现象不多见，有些并非语法意义上的重叠。从前贤研究来看大致有以下几类（李钟霖 1982，仁增旺姆 1987）。

---

① While the duck, flying erverywhere, was searching [for him], the voice of the prince was heard in the park.（Uray 1955：195，cf. N.W.Hill 2010b：255—7）

（1）亲属称谓

藏语亲属称谓有多种表示方法，跟社会应用有一定关系。常见的主要是带前附标记的形式，例如：ཨ་མ（a ma）母亲，ཨ་ཞང（a zhang）舅舅，ཨ་ཅེ（a ce）姐姐，ཨ་སྲུ（a sru）嫂子等。不过，还有部分词是叠音形式（包括读音差异形式），本源上应该不是重叠造成的。

ཅོ་ཅོ	co co	哥哥	ཟ་ཟ	za za	妈妈，母亲
ཇོ་ཇོ	jo jo	哥哥	པ་པ	pa pa	爸爸
མ་མ	ma ma	乳母	རྨད་རྨད	rmad rmad	保姆
ཞང་ཞང	zhang zhang	舅舅			

（2）拟声物（生物和非生物）

跟东亚其他语言相似，藏语也有部分来自拟声的双音节名词。从拟声词渊源可知，这部分词实际也不是重叠构成的，只是恰好前后音节拟声形式相同。

ཀ་ཀ	ka ka	乌鸦	ཀུ་ཀུ	ku ku	杜鹃鸟
ཁྲུང་ཁྲུང	khrung khrung	鹤	ཀྲུང་ཀྲུང	krung krung	雁
རུ་རུ	ru ru	一种鹿	ཚེ་ཚེ	tshe tshe	山羊
ཙི་ཙི / རྩི་རྩི	（r）tsi（r）tsi	老鼠	ཏོམ་ཏོམ	tom tom	铁铃铛
ཚིག་ཚིག	tsig tsig	鼠	སྦག་སྦག	sbag sbag	摩托车；机关枪

（3）仿声词

仿声词指对事物声音的模仿和表现，这类词数量较多。

གྱུར་གྱུར	kyur kyur	小鸟鸣声	སིང་སིང	sing sing	铃声
ཕྱོ་ཕྱོ	phyo phyo	嗾狗声	ཅབ་ཅབ	cab cab	鼓掌声
ཕྱོལ་ཕྱོལ	phyol phyol	澎湃声	དིང་དིང	ding ding	丁冬声
ཤུང་ཤུང	shung shung	哼哼声	དུར་དུར	dur dur	嘟嘟声
ཁྲལ་ཁྲལ	khral khral	敲物声	ཧེ་ཧེ	he he	嘿嘿声
ཕུ་ཕུ	phu phu	叹息声	ཧོ་ཧོ	ho ho	呵呵声
ལྷང་ལྷང	lhang lhang	潺潺声	ཏང་ཏང	tang tang	当当声
ཐམ་ཐམ	tham tham	噔噔声	ཐབ་ཐབ	thab thab	敲翼声
ཚག་ཚག	tshag tshag	沙沙声	ཅག་ཅག	cag cag	咀嚼声
ཆོབ་ཆོབ	chob chob	玩笑声	ཝུང་ཝུང	vung vung	轰轰声

（4）摹状词和其他叠音词

藏语还有一些叠音词，这些词词源不明，或者来自摹状或者是其他原因造成，这里不逐一讨论。

དགོ་དགོ	dgo dgo	马勃	པལ་པལ	pal pal	小牛犊
དོམ་དོམ	dom dom	马缨子	ཕྲུལ་ཕྲུལ	phrul phrul	耳饰及襟饰
དོང་དོང	dong dong	桶	པི་པི	pi pi	漏斗
ཀྲུ་ཀྲུ	kru kru	气管	པོ་པོ	po po	口袋
ལྷེབ་ལྷེབ	lheb lheb	小片儿	ཞལ་ཞལ	zhal zhal	涂墙

ཨོག་ཨོག་	mog mog	馒头	ཚེམ་ཚེམ་	tshem tshem	甲铠
བུན་བུན་	bun bun	碎片	སུལ་སུལ་	sul sul	山沟
ཆབ་ཆབ་	chab chab	穗子；稀松	གྲོ་གྲོ་	gro gro	黑白杂色羊毛
ཐིག་ཐིག་	thig thig	斑点	ཁྲབ་ཁྲབ་	khrab khrab	金属装饰物

1.3 重叠名词

藏语具有语法和语义价值的名词重叠现象十分罕见，此处仅讨论表示时间和方位的重叠名词。藏语表示时间和方位的名词重叠之后产生具象化的时空意义，原来泛指时间和空间的意义转变为特指的时间和空间。特指时间是时点或者频度，特指空间大多是周遍性概念。

（1）མཚམས་（mtshams）间隙，空隙，界线；重叠：མཚམས་མཚམས་（mtshams mtshams）偶尔，间或

2. མཚམས་མཚམས་ལ་ངལ་རྩོལ་དང་། མཚམས་མཚམས་ལ་སློབ་སྦྱོང་བྱས།།

mtshams-mtshams-la ngal-rtsol dang. mtshams-mtshams-la slob-sbyong-byas.

有时 -LOC 　　 劳动　　　　 有时 -LOC　　　 学习

有时劳动，有时学习。

3. སེམས་ཤུགས་མཚམས་མཚམས་ཆེ་ལ།། མཚམས་མཚམས་ཆུང་བར་འགྱུར་བ།།

sems-shugs mtshams-mtshams che-la.

情绪　　　 有时　　　　　 大 -COP

mtshams-mtshams chung-bar vgyur ba.

有时　　　　　 小 -CPL 变

情绪时高时低。（藏汉大辞典）

（2）བར་（bar）中间，居中者，重叠：བར་བར་（bar bar）有时，间或。

4. རློང་བར་བར་ལྡང་ལ་བར་བར་ཞི།།

rlong bar-bar ldang la bar-bar zhi.

风 有时 冒起 有时 静止

风时起时静。（李钟霖）

（3）ཕྱོགས་（phyogs）方向，方位，方面，重叠：ཕྱོགས་ཕྱོགས་（phyogs phyogs）处处，各方

5. ཕྱོགས་ཕྱོགས་ནས་འགྲུལ་པ་མང་པོ་སླེབ་པ།།

phyogs-phyogs-nas vgrul-pa mang-po sleba-pa.

各处 -ABL　　 旅人 多　　　 来

万方云集。（藏汉大辞典）

（4）ལོ་（lo）年，季节，重叠：ལོ་ལོ་（lo lo）年年，岁岁，每年

6. ལོ་ལོ་དུས་བཞིར་འོ་ཞོའི་རྒྱུན་མི་འཆད།།

lo-lo dus-bzhi-r 　 vo-zho-vi rgyun-mi-vchad.

年年 时 四 -LOC 奶酪 -GEN 接连不断

鲜奶酸酪年年四季不断。（李钟霖）

（5）མཐའ་མ་（mthav ma）最后，重叠：མཐའ་མ་མཐའ་མ་（mthav ma mthav ma）最后

7. མཐའ་མ་མཐའ་མ་དོམ་གྱིས་མ་རྨོས་ལོ་ཏོག་གཅིག་རང་གཅིག་ཁྱེར་ནས་ཕྱིན་པ་རེད།།

mthav-ma-mthav-ma dom-gyis ma-rmos lo-tog gcig rang gcig

最后　　　　　　熊 -AG　玉米　　　　　一　仅　一

khyer nas phyin-pa-red.

拿　　去 -ASP

最后，熊只拿走了一个玉米。（周季文，谢后芳）

　　大多数情况下，重叠的时间和方位名词都需要添加副词性标记充当句子的时间或空间状语。这类词还有：སྐབས་（skabs）时间，机会，重叠：སྐབས་སྐབས་（skabs skabs）有时，间或；མདུན་（mdun）前面，重叠：མདུན་མདུན་（mdun mdun）最前面；ཤར་（shar）东方，重叠：ཤར་ཤར་（shar shar）最东边；སྔ་མོ་（snga mo）早，重叠：སྔ་མོ་སྔ་མོ་（snga mo snga mo）很久很久（以前）；ལྷོ་（lho）南，重叠：ལྷོ་ལྷོ་（lho lho）正南；类似的方位词有：ནུབ་ནུབ་（nub nub）正西，བྱང་བྱང་（byang byang）正北，ཤར་ཤར་（shar shar）正东。

　　此外，藏语代词和量词等也有少量重叠现象，有些是词法性的，有些是句法性的，不逐个讨论。

2. 动词的重叠和重复

　　沃尔曼（Vollmann 2009）认为藏语动词缺少重叠形式与两个因素相关。一是词与词的组合模式一般产生名词或者形容词，二是动词重叠往往是句法性的而非词法性的。这与我们观察到的现象基本吻合。

2.1　动词句法性重复

　　诚如上文所述，藏语动词基本特征是单音节性的，即单音节动词。单音节动词在句法中常会衍生出各类重复现象，有些重复跟其他词语结合形成一些固定的结构，有些则只是句法结构上的表达方式，包括强调或凸显。

　　李钟霖（1982）认为：为了强调指出某一动作的持续不断、动作状态和进行的程度，可以把单音节的动词重叠起来使用。王会银（1988）认为动词重复表示动作行为的经常性。

　　单音动词重复两次或三次词义不变，但增加了附加意义，表示动作反复持续。例如，

8. ཕྲུ་གུ་དེ་མཚན་ནག་དགུང་ལ་ ངུ་ངུ་པ་རེད།།

phru-gu de mtshan-nag dgung-la ngu ngu-pa-red.

孩子　那 黑夜　　里 -LOC　哭哭 -ASP

那孩子夜里常哭。（王会银）

9. ངས་བལྟས་བལྟས་ནས་ གསལ་པོ་མཐོང་བྱུང་།།

ngas bltas bltas nas　gsal-po mthong-byung.

我　看 看　之后 清楚　看见 -ASP

我反复看才看清楚。（王会银）

10. ཁོས་དཀའ་ལས་བརྒྱབ་བརྒྱབ་བྱས་ཁང་མིག་གསུམ་བརྒྱབ་ཐུབ་ཚར་བྱུང་པ་རེད།།

khos dkav-las brgyab-brgyab-byas khang-mig gsum

他　劳苦　费力地　　　　　房子　间　三

brgyab-thub tsham byung-pa-red.

建 - 能　稍　发生 -ASP

他辛辛苦苦地勉强盖起了三间房。（周季文，谢后芳）

11. བོས་ཕྱིན་ཕྱིན་ཕྱིན་བྱས་ཉི་མ་རྒས་དུས་ ནང་ལ་སླེབས་པ་རེད།།

khos phyin phyin phyin byas nyi-ma rgas-dus

他　走走走　　之后 太阳　降落时候

nang-la slebs-pa-red.

家 -LOC 到达 -ASP

他走呀走呀，日落的时候才回到家。（王会银）

12. མི་འགའ་ཞིག་ཁྱིམ་ལ་ སྡོད་མི་ཚུགས་པར་ཕྱི་རོལ་དུ་ཉིན་ལྟར་འཁྱམས་འཁྱམས་པ།།

mi vgav-zhig khyim-la sdod-mi-tshugs-par phyi-rol-du

人 一些　　家 -LOC 留 -NEG- 停　　外面 -LOC

nyin-ltar vkhyams vkhyams pa.

成天　流浪　流浪

有些人不爱留在家里，成天总是在外面乱跑。（藏汉大辞典）

13. འཁོར་འཁོར་བར་ སྐོར་ཚོང་ཁང་བརྒྱ་ཕྲག་ཏུ་ གང་གང་མཁོ་བའི་ སྣ་ཚོགས་ཚོང་ཟོག་ཁེངས།།

vkhor vkhor-bar skor tshong-khang brgya-phrag-tu,

转圈 -NMZ-LY 巡回 商店　　成百 -LOC

gang-gang mkho-ba-vi sna-tshogs tshong-zog khengs.

任何　　必须 -GEN 各种　商品　　充满

巡看商场百千家，店店百货盈货架。（李钟霖）

这些表达都是典型的句法性重复，也蕴含了动作反复和持续的体貌意义。

2.2　动词重复构成的固定结构

　　重复的动词经常与某些附加成分搭配构成固定句法结构，语义上带有附加成分增加的意义（王会银 1988；周季文、谢后芳 2003；胡坦、索南卓嘎、罗秉芬 1999）。

　　（1）V1（现）+ gin + V1 + gin + V2（byed、byas）

　　结构中的 gin……gin…… 表示"边……边……"意思，gin 也写作 givi、kyin/kyivi、bzhin，表示两个动作同时进行。

14. དངུལ་མོ་མཚོ་ས་ ལྷད་མ་ རྒྱག་གིན་རྒྱག་གིན་ སེམས་སྡུག

dngul-mo-mtsho-s lhad-ma rgyag-gin-rgyag-gin sems sdug

悦莫错 -AG　　辫子　做 -coo- 做 -coo　伤心

悦莫错边编着辫子边暗自伤心。

15. བོང་བུ་རིལ་གྱིན་རིལ་གྱིན་རིལ་ གྲབས་རིལ་གྲབས་ ངང་ཡུན་རིང་འགོར།

bong-bu ril gyin ril gyin ril　grabs ril grabs　ngang yun ring vgor.

驴　滚 -coo- 滚 -coo- 滚　临近 - 滚 - 临近……地　长时间 耽搁

驴一边滚一边靠近，耽搁了很多时间。

16. ཞིང་པ་ཚོ་ས་ཞིང་ཁའི་ནང་ལ་ ལས་ཀ་བྱེད་ཀྱིན་བྱེད་ཀྱིན་གནས་གཏོང་གི་ཡོའ་རེད།།

zhing-pa-tsho-s zhing-kha-vi nang-la las-ka-byed

农民 -PL-AG　田里 -GEN 里 -LOC 工作

kyin-byed-kyin-gzhas-gtong gi-yovo-red.

边　做　边　歌　做　ASP

农民们在田里干着干着唱起来了。

（2）V1（现）+ gin + V1 + gin + la + V2

较之上一个结构，此处增加了一个句法词 ལ（la），表示前一个动作之后再发生下一个动作。例如，

17. ཁོ་ཚོ་གསུམ་པོས་རྩོད་པ་རྒྱག་གིན་རྒྱག་གིན་ལ་ ཡ་ རྒྱག་རེས་ཤོར་པ་རེད།

kho-tsho gsum-po-s rtsod-pa rgyag-gin-rgyag-gin-la

他们　　三个 -AG 争论　做　　边做　边 -LY

ya　　rgyag-res-shor-pa-red.

语气 打架 - 相互 -ASP

他们三个争论着争论着就打起来了。（胡坦等）

18. ཁོང་ཁ་བརྡ་གློད་ཀྱིའི་གློད་ཀྱིའི་ལ་གཉིད་ཁུག་སོང་།

khong kha-brda glod kyivi glod kyivi-la gnyid-khug-song.

他　聊天　　聊天　　　　　　　睡着 -ASP

他聊着聊着就睡着了。（王会银）

19. ཁོ་ལམ་དུ་འགྲོ་བཞིན་འགྲོ་བཞིན་བསམ་བློ་སྒྱུར་ནས་ཕྱིར་ལོག །

kho lam-du vgro bzhin vgro bzhin bsam-blo gyur nas phyir log.

他　路 -loc 走 边　走 边　想法　　变 后去　返

他一路走着走着思想变了卦回去了。

查检早期文献，我们发现同时性动作的表示方法早在《米拉日巴传》就已出现，例如，

20. ཁྱོད་ཚོ་སྒུར་ཅིག་སྒུར་ཅིག་ཟེར་ཞིང་ཝོངས་འདུག་པ་ལ།

khyod-tsho sgur cig sgur cig zer zhing vongs vdug-pa la.

你们　　　屈就　屈就　说 并且 来　　等 -ASP-IMP

"你们好好等着吧！等着吧！"（说完他便走了）

（3）V1（现）+ tsam + V1 + tsam + byed

这个结构表示轻微、短暂的动作，有时候表"勉强"义。

21. ཁོང་གིས་རང་གི་ དུག་ལོག་འཐེན་ཚམ་འཐེན་ཚམ་བྱེད་ཀྱི་འདུག །

khong-gis rang-gi　dug-log vthen tsam vthen tsam-byed-kyi-vdug.

他 -AG 自己 -GEN 衣裳　抽　一点 抽　一点 做 -ASP

他抻了抻自己的衣服。（王会银）

22. ངས་ཚོགས་འདུར་འགྲོ་ཚམ་འགྲོ་ཚམ་བྱས་པ་ཡིན།

nga-s　tshogs-vdu-r vgro tsam vgro tsam-byas-pa-yin.

我 -AG 会议 -LOC 走　一点 走　一点 做 -ASP

我勉强去开了个会。（王会银）

（4）V1（现未）+ da + V1

该结构附加对动作表示肯定的语气，语气较强。据王会银（1988），此处 da 还可以替换为 rgyu，只是书面化一些。

23. བྱ་ལ་གཤོག་པ་འདུག་གས།། བྱ་ལ་གཤོག་པ་ཡོད་ད་ཡོད།།

bya-la　gshog-pa vdug gas. bya-la　gshog-pa yod-da-yod.

鸟 -POS 翅膀　有　吗　鸟 -pos 翅膀　当然有

鸟有翅膀吗? 鸟当然有翅膀。(王会银)

24. ལས་ཀ་ཚར་ད　ཚར་སོང་ ཡིན་ནའི་དུས་ཐོག་ལ་ཚར་ མ　སོང་།

las-ka tshar da　tshar-song. yin-navi dus-thog-la tshar-ma-song.

工作　完　倒是 完 -ASP　但是　准时 -LOC 做完 -NEG-ASP

活儿干倒是干完了，但是没有按时完成。(胡坦等)

25. ལས་ཀ་འདི་ཁོང་གིས་བྱེད་ཐུབ་རྒྱུ་ཐུབ་ཀྱི་རེད།། ཡིན་ནའི་ཞེ་དྲགས་བྱེད་ཡོག་མ་རེད།།

las-ka vdi khong-gis byed thub-rgyu-thub-kyi-red.

工作 这 他 -AG　做 能　倒是 能 -ASP

yin-navi zhe-drags byed myong yog-ma-red.

但是　很　　做 经验 有 -NEG-ASP

这种工作他倒是能做，但是没有经验。(王会银)

（5）V + V + pa/ba + byed/bsdad

这个结构是藏语常用结构，动词用过去时形式，表示"专门，老是 / 惯常…"的意思，并含有动作的持续状态意义，例如，

26. དབྱར་ཁའི་གུང་སངས་ནང་ལ་ ང་ས　ག་པར་ཡའི་མ　ཕྱིན་ནང་ལ་ དགའ་སེ་བསྡད་བསྡད་པ་བྱས་པ་ཡིན།།

dbyar-kha-vi gung-sangs nang-la nga-s　ga-par yavi ma-phyin

夏天 -GEN 假期　　里 -LOC 我 -AG 哪里 也　NEG- 去

nang-la　da-gaa-se bsdad-bsdad-pa-byas-pa-yin.

家 -LOC 随意地　驻留　　　做 -ASP

暑假我哪儿都没去，就这么待在家里。(周季文，谢后芳)

27. དཔེ་ཆ་བལྟས་བལྟས་པ་བསྡད་ཀྱི་ཡོག་རེད།།

dpe-cha bltas-bltas-pa bsdad-kyi-yog-red.

书　　看 -NMZ　呆着 -ASP

老是在看书。(胡坦等)

再如：བསྒུགས་བསྒུགས་པ་བྱེད（bsgugs bsgugs pa byed）专门等候；བཟས་བཟས་པ་བྱེད（bzas bzas pa byed）老吃着。

（6）V + la ma + V + byed

该结构中的 V 是自主动词，表示"想……又不……"意思。周季文、谢后芳（2003）认为这类结构可以看作重叠动词加中附成分构成，例如：

ཁོང་གིས་ཤོད་ལ་མ་ཤོད་བྱེད་ཀྱིས།།（khong gis shod la ma shod byed kyis.）他想说又不说。

འགྲོ་ལ་མ་འགྲོ་བྱེད།།（vgro la ma vgro byed.）想走又不走。

འཐུང་ལ་མ་འཐུང་བྱེད།།（vthung la ma vthung byed）想喝又不喝。

（7）V + la ma + V + byed / chags，其中的 V 是不自主动词，表示"半……不……"的意思。

28. ང་ཤི་ལ་མ་ཤི་ཆགས།། ངའི་མགོ་དང་གདོང་ལ་རྨ་བཟོས་ནས་སྐྲངས་ཡོག་རེད།།

nga shi-la-ma-shi chags. nga-vi　mgo dang gdong-la rma-bzos nas skrangs-yog-red.

我 死 -NEG- 死 产生 我 -GEN 头 和　脸 -LOC 受伤　　之后 肿 -ASP

弄得我半死不活，我的头和脸都受了伤，肿起来了。（周季文、谢后芳）

再如：ཤེས་ལ་མ་ཤེས་བྱེད། （shes la ma shes byed.）弄成似懂非懂。ཚོས་ལ་མ་ཚོས་བྱེད། （tshos la ma tshos byed.）弄得半生不熟。

（8）ma / mi + V + V + mdog + byed

该结构不自主动词重叠时前后分别添加否定词和附加成分，并用动词语素统合构成整体结构，表示"不……装……"。例如：

29. ང་ཚོས་སློབ་སྦྱོང་ག་རེ་བྱས་ནའི་ མ་ཤེས་ཤེས་མདོག་བྱེད་རྒྱུ་ཡོག་མ་རེད།

nga-tsho-s slob-sbyong-ga-re-byas navi, ma-shes-shes-mdog-byed-

我们 -AG 学习   什么   无论 NEG- 懂   做

rgyu-yog-ma-red.

NMZ-ASP

我们无论学习什么，都不要不懂装懂。（周季文、谢后芳）

30. ལམ་ཁྲིད་མཁན་གྱིས་མ་ཤེས་ཤེས་མདོག་བྱས་ནས་ཁྲིད་བྱས་ང་ཚོ་ལམ་ནོར་ཐེབས་པ་རེད།

lam-khrid-mkhan-gyis ma-shes-shes-mdog-byas nas khrid-byas

向导 -AG   NEG- 懂   并 指引

nga-tsho lam nor thebs-pa-red.

我们   路 错 落 -ASP

向导不懂装懂，结果我们迷路了。（胡坦等）

再如， མ་དགའ་དགའ་མདོག་བྱེད། （ma dgav dgav mdog byed）不高兴装高兴； མ་སྡུག་སྡུག་མདོག་བྱེད། （ma sdug sdug mdog byed）不难过装难过。

（9）ma / mi + V + dgu + V + byed

该结构可用自主和不自主现在时形式动词，动词前用否定词，重叠动词之间添加 dgu "多，各式"，最后加上动词语素 byed 统合，表示"胡……乱……"之意。

31. བུ་དེས་མི་བྱེད་དགུ་བྱེད་བྱས་ནས་དུག་ལོག་ཀྲབ་པོ་ལས་མ་གོན་ཙང་དེ་རིང་ཆམ་པ་བརྒྱབ་ཤག

bu   de-s   mi-byed-dgu-byed byas-nas dug-log krab-po las

孩子 那 -AG 乱做   -LY   衣服 单薄 做

ma gon tsang de-ring cham-pa-brgyab-shag.

NEG 穿 所以 今天   感冒 - 语气词

那个男孩子胡来，只穿很薄的衣服，今天感冒了。（胡坦等）

类似的还有：མ་ཤོད་དགུ་ཤོད་བྱེད། （ma shod dgu shod byed）胡说乱说，མི་བྱེད་དགུ་བྱེད། （mi byed dgu byed）乱做，མ་མཐོང་དགུ་མཐོང་མཐོང་པ་རེད། （ma mthong dgu mthong mthong pa red）不想看见的偏偏看见了，མ་ཤོར་དགུ་ཤོར་ཤོར་སོང་། （ma shor dgu shor shor song）不知怎么的就输了。

2.3   动词重叠构成的名词结构

动词重叠的真正词法价值是造成名词或形容词，或者造成构词用的名词性重叠语素，这类变化也可称为名词化。例如：འཁོར་ （vkhor）<V> 循环，转动，重叠后构成名词，འཁོར་འཁོར་ （vkhor vkhor）<N> 巡回，围绕，环行。མཁེན་ （mkhen）知道，理解，མཁེན་མཁེན་ （mkhen mkhen）洞察，明鉴。འགུལ་ （vgul）摇动，震动，འགུལ་འགུལ་ （vgul vgul）摇摇晃晃。ཚོག་ （tshog）可以，能够，ཚོག་ཚོག་ （tshog tshog）可行，就绪。

2.4　重叠动词的受限性

单音节动词重叠后构成的名词大多并不独立使用，往往作为现代三音节动词的构词语素。例如，གཟབ（gzab）殷勤对待，གཟབ་གཟབ（gzab gzab）谨慎，慎重，གཟབ་གཟབ་བྱེད（gzab gzab byed）小心，留意。

32. ལམ་འཕྲང་དོག་སར་ འགྲོ་དུས་གཟབ་གཟབ་བྱེད་དགོས།།

lam-vphrang dog-sa-r　vgro dus gzab-gzab-byed dgos.

路　狭窄　狭处 -LOC 走　时　谨慎　　　　要

行路狭窄，需要谨慎。

有些重叠式虽然收入词典，但实际应用仍然作为构词成分，例如《藏汉大辞典》和《格西曲扎藏文辞典》都收入了 འབད་འབད（vbad vbad）黾勉，精进，来自 འབད（vbad）勤奋，努力，但通常总是构成三音节动词 འབད་འབད་བྱེད（vbad vbad byed）使用。

33. ཉིན་མཚན་ཀུན་ཏུ་ སློབ་སྦྱོང་འབད་འབད་བྱེད་པ།

nyin-mtshan kun-tu　　slob-sbyong-vbad-vbad-byed-pa.

昼夜　　　全部 -LOC 学习　　　努力 - 做 -NMZ

孜孜于学，不舍昼夜。（藏汉大辞典）

部分重叠动词采用过去时（完成体）形式，词义上有细微差别。例如，ཤོད（shod）说，谈，过去时形式是 བཤད（bshad），构成三音节动词 བཤད་བཤད་གཏོང（bshad bshad gtong）责备，骂，申斥，谴责。再如，གཅོག（gcog）打破，砸碎，过去时是 བཅག（bcag），重叠式是 བཅག་བཅག（bcag bcag）拍打，手拍脚踩，三音节动词是 བཅག་བཅག་གཏོང（bcag bcag gtong）按，摁［结实］，砸［结实］。འཚབ（vtshab）匆忙，赔偿，འཚབ་འཚབ་བྱེད（vtshab vtshab byed）心急，急忙，仓促。

34. རྟ་མ་བཞོན་གོང་ནས་ སྒ་ལ་ བཅག་བཅག་གནང་དང་།

rta-ma bzhon gong-nas　　sga-la　bcag-bcag-gnang dang.

马　骑　上面 -LOC 鞍 -OBJ 拍　　　　　　　IND

骑马之前拍拍鞍。

35. སྔོན་ཚུད་ནས་ གྲ་སྒྲིག་བྱས་ཡོད་ན་ སྐབས་འཕྲལ་དུ་ འཚབ་འཚབ་བྱེད་མི་དགོས།།

sngon-tshud nas gra-sgrig-byas-yod na

预先 -LOC　　安排 -ASP　　　若

skabs-vphral-du vtshab-vtshab-byed mi dgos.

立刻 -LY　　匆忙　　　　　NEG 会

事前有准备，临时就不会急急忙忙。

从结构上看，动词重叠所构成的名词性结构实际上是动词复合词的类型之一，即两个单音节动词或词根结合，特殊之处是大多不能独立使用，主要用于构成三音节动词。例如 ཀྲོག་ཀྲོག（krog krog）<N> 炫耀，ཀྲོག་ཀྲོག་བྱེད（krog krog byed）<V> 卖弄，炫耀。

ཚོད་ཚོད་བྱེད　　　　　　tshod tshod byed　　　　猜测，揣测

བཁུར་འཁུར་བྱེད་	vphur vphur byed	揉搓，摩擦
ཚོག་ཚོག་བཟོ་	tsog tsog bzo	使凸起，使耸
རྡབ་རྡབ་བྱེད་	rdab rdab byed	掸，拍打
སྤུག་སྤུག་བྱེད་	spug spug byed	拽，挣
ཅུབ་ཅུབ་བྱེད་	rub rub byed	集合，聚集
རྫིག་རྫིག་བྱེད་	rdzig rdzig byed	吓唬，威胁
བྲད་བྲད་བྱེད་	brad brad byed	挠，搔
ཕིག་ཕིག་བྱེད་	phig phig byed	不稳重，轻佻
ཀྲོག་ཀྲོག་བྱེད་	krog krog byed	卖弄，炫耀
གཏན་གཏན་བྱེད་	gtan gtan byed	小心，留神
གུག་གུག་བྱེད་	gug gug byed	弯着［身子］
དགྱེ་དགྱེ་བྱེད་	dgye dgye byed	仰，往后仰
ཀྱོག་ཀྱོག་བྱེད་	kyog kyog byed	弄歪

《藏语拉萨口语词典》收入不少三音节动词，例如：རྷིབ་རྷིབ་བྱེད་（hrib hrib byed）耀［眼］，闪烁，来自རྷིབ་རྷིབ་（hrib hrib）模糊；གཡུག་གཡུག་བྱེད་（g-yug g-yug byed）甩动，摆动，挥动，来自གཡུག་（g-yug）甩动，挥舞。但是，我们注意到有些词除了三音节形式外，既无双音节形式也无单音节形式，也可以说我们不知它的本源所出。例如：སྤུག་སྤུག་བྱེད་（spug spug byed）拽，挣，不仅如此，在其他几本词典里我们也找不到它的单双音节形式踪影。རྫིག་རྫིག་བྱེད་（rdzig rdzig byed）吓唬，威胁，它的双音节形式收入《藏汉大辞典》，但未见单音节形式。这类现象并不在少数。

有部分词的词根现在一般认为是形容词，但很可能曾经是不自主动词。例如：དབྲིལ་དབྲིལ་བཟོ་（dbril dbril bzo）<V> 卷起来，弄圆，来自形容词དབྲིལ་དབྲིལ་（dbril dbril）<ADJ> 球形的，又来自于动词དབྲིལ་（dbril）<V> 滚动。སྐྱིད་སྐྱིད་གཏོང་（skyid skyid gtong）游玩，词根来自སྐྱིད་པོ་（skyid po）<ADJ> 舒服，可能先造成双音节名词སྐྱིད་སྐྱིད་（skyid skyid）<N> 愉快，舒服，再产生三音节动词。

ལྷུག་ལྷུག་བྱེད་（lhug lhug byed）	ལྷུག་པོ་（lhug po）	搞松
ལྷོད་ལྷོད་བྱེད་（lhod lhod byed）	ལྷོད་པོ་（lhod po）	从容，冷静
ལྷབ་ལྷབ་བྱེད་（lhab lhab byed）	ལྷུབ་ལྷུབ་（lhub lhab）	飘荡，飘摇
ལེབ་ལེབ་བྱེད་（leb leb byed）	ལེབ་ལེབ་（leb leb）	扁［了］
རལ་རལ་བཟོ་（hral hral bzo）	རལ་པོ་（hral po）	弄稀疏
སྡག་སྡག་ཁེངས་（sdag sdag khengs）	སྡག་སྡག་（sdag sdag）	挤满，压满
ཞིབ་ཞིབ་བཟོ་（zhib zhib bzo）	ཞིབ་པོ་（zhib po）	研碎，研细

2.5 重叠动词的句法功能

动词重叠作名词通常还会带来其他变化，有些会带名词化标记，读音上也可能发生变化。

（1）V（PST）+ V（PST）+ pa

这类格式中，V + V 连读，词缀 pa 读轻声，V + V + pa 转指动作施加的结果事物或行为。

36. བཏང་ཡིག་དེ་ཀུན་དགའ་ས་ཁ་ས་ནས་བྲིས་བྲིས་པ་རེད།།

　　btang-yig de kun-dga-s khas-sa nas bris-bris-pa-red.

　　书信　　那 贡嘎 -AG 昨天　　　写 -PST-ASP

　　那封信是贡嘎昨天就写好了的。

37. ཁ་ལག་བཟོས་བཟོས་པ་ཡོད་ན་ང་ལམ་སང་ཏོག་ཙམ་བཟའ་གི་ཡིན།།

　　kha-lag bzos-bzos-pa yod na nga lam-sang tog-tsam bzav-gi-yin.

　　饭　　做 -PST　　有 若 我 马上　　一点　　吃 ASP

　　如果有做好的饭，我马上吃一点。（王会银，1988）

　　句（36）bris bris pa 作谓语句（37）bzos bzos pa 显然是重叠动词名词化的短语做修饰语。重叠过去时动词表示已存在的事物，名词化以后保留动词原来的含义，但表示已经实现的动作及其结果。

38. ང་ཡི་ཡི་གེ་འདི་བྲིས་བྲིས་པ་ཡིན།།

　　nga-vi　　yi-ge vdi bris-bris-pa　yin.

　　我 -GEN 信　　这 写 -PST-NMZ 是

　　我的这封信是早就写了的。

　　（2）V1（PST）+ V1（PST）+ par + V2

　　V1 + V1 + par 构成副词性短语，表示"总是、专门"意思，V2 通常是表示"停留、驻留"意思的动词，例如 སྡོད, བཞུགས（sdod, bzhugs）。

39. ང་ཀུན་ཁྱབ་རླུང་འཕྲིན་ཉན་ཉན་པར་སྡོད་ཀྱི་ཡོད།།

　　nga kun-khyab-rlung-vphrin nyan-nyan-par sdod-kyi-yod.

　　我 广播　　　　　　听 -PST　　等 -ASP

　　我一直在听广播。

　　V1 + V1 + par 也可理解为名词化短语 V + V + pa 添加状语标记充当句子的状语（-r/la）。

40. ཁོང་གི་བཞིན་རས་ང་ཡི་ཡིད་ལ་འཁོར་འཁོར་པར་བྱས་བྱུང་།།

　　khong-gi bzhin-ras nga-vi　yid-la　　vkhor-vkhor-par　byas-byung.

　　他 -GEN 面容　　我 -GEN 心意 -LOC 转 -PST-NMZ-LY 做 -ASP

　　他的面容老在我的脑子里回旋。（王会银，1988）

41. ཁོང་གིས་རང་གི་སྲོག་བློས་ནས།།འཁྲིས་ལ་ཉར་ཉར་པར་ཁྱོན་ནས་ཁ་བྲལ་མྱོང་ཡོག་མ་རེད།།

　　khong-gis rang-gi　srog-blos nas. vkhris-la　　nyar-nyar-pa-r

　　他 -AG　你 -GEN 生命　　后　旁边 -LOC 保留 -NMZ-LY

　　khyon-nas kha-bral myong-yog-ma-red.

　　完全　　离开　经历 -ASP-NEG

　　他救了你的命（以后），一直把你留在身边，从没离开过。

　　由于名词化的缘故，这类动词重叠形式可能是名词化标记逐渐固化表达动作完成的事物概念，因此可能再度进入新型复合动词化过程，例如，

　　བསྒུགས་བསྒུགས་པ་བྱེད།（bsgugs bsgugs pa byed 专门等候）

བཟས་བཟས་པ་བྱེད།（bzas bzas pa byed 老吃着（周季文，2003）

　　如果动词采用 AABB 格式重叠，则也是一种名词化方式。例如，

42. ཁོང་འཁྲུ་འཁྲུ་འཐག་འཐག་བྱེད་རྒྱུ་མཁས་པོ་ཤེས་སོང་།།

khong-vkhru-vkhru-vthag-vthag-byed-rgyu mkhas-po shes-song.

他　　　洗洗刷刷　　　　　　　做 -NMZ　熟练　　会 -ASP

洗洗刷刷他都精通。

　　两个重叠动词也可能采用不同形态形式，例如，འཛིན（vdzin）握住，抓住，四个形态形式是：འཛིན - གཟུང - བཟུང - ཟུངས（vdzin-gzung-bzung-zungs），可以构成名词 འཛིན་བཟུང（vdzin bzung）"被捕，俘获"和三音节动词 འཛིན་བཟུང་བྱེད（vdzin bzung byed）<V> 俘虏，俘获，例如：ཉེས་ཅན་འཛིན་བཟུང་བྱེད་པ（nyes can vdzin bzung byed pa）逮捕罪犯。འཛིན་བཟུང（vdzin bzung）"被捕，俘获"作为名词的用法可以从其他案例观察，例如：འཛིན་བཟུང་དམག་མི（vdzin bzung dmag mi）"战俘"。

　　动词重叠还有各类复杂现象，需要逐一梳理。此处举例讨论稍微常见的情况。

　　མཆོང（mchong）跳，跃，མཆོང་-མཆོང་-མཆོངས་-མཆོངས（四式：mchong-mchong-mchongs-mchongs），本是单音节动词，但也构成了双音节的 མཆོང་རྒྱག（mchong rgyag）<V> 跳跃，随着新兴三音节动词构式出现，结果又造成了 མཆོང་རྒྱག་རྒྱག（mchong rgyag rgyag）<V> 跳跃，跃过。因此，此处并不是动词 རྒྱག་རྒྱག（rgyag rgyag）重叠。

　　དམུལ（dmul）<V> 微笑，含笑，跟同义词 འཛུམ（vdzum）微笑 འཛུམ་-འཛུམ་-འཛུམས་-འཛུམས（四式：vdzum-vdzum-vdzums-vdzums）构成复合名词 འཛུམ་དམུལ（vdzum dmul）笑咪咪，微笑，又产生复合动词 འཛུམ་དམུལ་བྱེད（vdzum dmul byed）笑在眉梢。有意思的是，འཛུམ་དམུལ་དམུལ（vdzum dmul dmul）"笑咪咪，笑嘻嘻"是按照 འཛུམ་དམུལ（vdzum dmul）+ དམུལ（dmul）还是 འཛུམ（vdzum）+ དམུལ་དམུལ（dmul dmul）造成的呢？人们并不追究，直接添上动词标记得到 འཛུམ་དམུལ་དམུལ་བྱེད（vdzum dmul dmul byed）微微笑，微笑。

　　ལྕོག་ལྕོག（lcog lcog）<N> 颔首，点头，转化成动词是 ལྕོག་ལྕོག་བྱེད（lcog lcog byed）点头。但是人们也常用到 མགོ་ལྕོག་ལྕོག（mgo lcog lcog）"头动，头摇摆"（格西曲扎藏文辞典），因此又造成 མགོ་ལྕོག་ལྕོག་བྱེད（mgo lcog lcog byed）"点头，应允"。

　　ལམ་འགྲོ་འགྲོ（lam vgro vgro）（不自主 V，顺利）读作［lam 21-tso55 tso24］，是由名词 ལམ་འགྲོ（lam vgro）"运气"添加动词 འགྲོ（vgro）构成，不是动词重叠。类似的有 ལམ་འགྲོ་རྒྱུག（lam vgro rgyug）< 不自主 V，走运，顺利 >，ལམ་འགྲོ་མེད（lam vgro med）倒霉，时运不佳，ལམ་འགྲོ་ཡོད（lam vgro yod）有运气。

　　总起来说，动词重叠是藏语历史发展中的新型现象，各地方言不太一致。以上所举具有词法价值的动词重叠现象还需在更多语料基础上进一步研究，这类现象是否收入词典？是否可作为词形式为本民族说话人心理接受，都还有待探索。

3. 形容词的重叠

　　藏语形容词重叠式有多种结构类型，如词根重叠、词缀重叠、变音重叠等。词形上看又可分出双音重叠、三音重叠、四音重叠等。

3.1　完形化双音节词根重叠

　　双音节形容词的词根重叠是一种完形化重叠，跟添加形容词词缀具有同等地位。例 43 是形容词重叠形式 སྒོར་སྒོར（sgor sgor）"圆形的"添加副词性标记 བྱས་ནས（byas-nas）构成状语，例 44 的 སྒོར（sgor）"圆形的"或者省略了词缀 མོ（mo）或者省略叠置后音节 སྒོར（sgor）。

43. ཐུགས་སྤྲོར་ ཕེབས་མཁན་གྱི་ སྐུ་མགྲོན་ཚོ་ཚང་མ་ སྒོར་སྒོར་བྱས་ནས་ བཞུགས་གྲལ་བསྒྲིགས།

    thugs-spro-r phebs-mkhan-gyi sku-mgron-tsho tshang-ma

    宴席 -LOC　来 -NMZ-GEN　客人们　　　都

    sgor-sgor-byas-nas bzhugs-gral bsgrigs.

    圈子 -LY　　　座次　　排列

    参加宴席的宾客都围成圈子。

44. མི་དེ་ནི་གཟུགས་དཔངས་མཐོ་ལ་གདོང་སྒོར་ཞིང་སྣ་ཆེ་བ། ཁ་གྲུ་བཞི་མཆུ་ཏོ་མཐུག་པ་ལ

    mi de ni gzugs-dpangs mtho-la gdong sgor zhing sna che-ba.

    人 那呢 身体高度　高　脸　圆 并且 鼻 大

    kha gru-bzhi mchu-to mthug-pa.

    口　四方形　嘴唇　　厚

    那人呢，身材七尺以上长短，面圆耳大，唇阔口方。

　　完形化重叠形容词虽然缺乏典型形态价值，与单纯带后缀的形式还是有一定的语用差异。或者表现为风格上的差异，或者表现为使用者个体的差异。甚至可能还演化出描述性状上的增减程度差异，有时候也强调意义。总之，由于带词缀和重叠都是完形化构词操作，因此究竟哪些形容词采用哪种形式需要做详细的调查。

　　周季文、谢后芳（2003）认为双音节词根重叠形容词表示形状意义和负面意思，就以下例词来看，似乎语义限制不大。

　　表形状的重叠形容词，

སྒོར་སྒོར（(s) gor (s) gor）	圆形的	ཧྲིལ་ཧྲིལ（hril hril）	球形的
འབུར་འབུར（vbur vbur）	凸形的	ཀོང་ཀོང（kong kong）	凹形的
ཉར་ཉར（nyar nyar）	长方形的	གོང་གོང（gong gong）	拱形的
མྱང་མྱང（myang myang）	细长的	འཛོང་འཛོང（vdzong vdzong）	齿形的
ཁྱོམ་ཁྱོམ（khyom khyom）	歪歪的	དྲིལ་དྲིལ（dbril dbril）	球形的
ལེབ་ལེབ（leb leb）	扁扁的	འཇོངས་འཇོངས（vjongs vjongs）	椭圆形的
ནར་ནར（nar nar）	长条的	ཅོང་ཅོང（cong cong）	锯齿状的

　　表表象的重叠形容词：

ཀྱོམ་ཀྱོམ（kyom kyom）	参差不齐的	ཀུག་ཀུག（kug kug）	弯曲的
ཞོང་ཞོང（zhong zhong）	凹的，洼的	ཀྱག་ཀྱག（kyag kyag）	语言噪杂的
མཉམ་མཉམ（mnyam mnyam）	平坦的	འཁྱོག་འཁྱོག（vkhyog vkhyog）	弯弯曲曲的
ཚོང་ཚོང（tsong tsong）	平的，直的	སྒྲེང་སྒྲེང（sgreng sgreng）	竖立的，直立的
ཆུང་ཆུང（chung chung）	小小的	ཆིམ་ཆིམ（chim chim）	闪烁发光的
ཆེ་ཆེ（che che）	最大的	ཆེམ་ཆེམ（chem chem）	闪烁的，灿烂的

表属性的重叠形容词：

ཚེབ་ཚེབ་（tseb tseb）	锐利的，尖利的	ཉིག་ཉིག་（nyig nyig）	松弛的
ཀོབ་ཀོབ་（kob kob）	坚硬的	ཉོག་ཉོག་（nyog nyog）	柔软的，湿润的
ཉོབ་ཉོབ་（nyob nyob）	弱的	ཧྱང་ཧྱང་（hyang hyang）	轻飘飘，漂浮的
ཧྲལ་ཧྲལ་（hral hral）	稀疏的	ལྷུག་ལྷུག་（lhug lhug）	松松的

表评价的重叠形容词：

གྲག་གྲག་（krag krag）	好的，美丽的	རྔམ་རྔམ་（rngam rngam）	威严的，辉煌的
གྱོང་གྱོང་（gyong gyong）	顽强的，强硬的	རྫིག་རྫིག་（rdzig rdzig）	灿烂的，壮丽的
ཐང་ཐང་（thang thang）	健康的，壮实的	གསལ་གསལ་（gsal gsal）	明亮的，清楚的
རེམ་རེམ་（rem rem）	急忙的，匆匆的	ཧོན་ཧོན་（hon hon）	愚蠢的，笨的
གཟབ་གཟབ་（gzab gzab）	认真的	ཧྲག་ཧྲག་（hrag hrag）	精干的，精悍的
སོབ་སོབ་（sob sob）	虚伪的，虚假的	དགའ་དགའ་（dgav dgav）	喜爱的

3.2　词缀重叠的三音节形容词

词缀重叠的形容词即 ABB 式叠缀形容词，这种类型形容词数量较多。据王会银（1987）描述，该类形容词叠音词缀多达 20 余个。按照汉藏语言普遍现象观察，形容词叠音词缀往往表达多种色彩意义，但缺乏形态意义。请观察以下例词和例句。

45. ང་ནང་ནས་ ཐོན་པ་ ད་གར་གཟུགས་པོར་ གྲང་ཤུར་ཤུར་ཆགས་བྱུང་

nga nang-nas　thon-pa　　da-gar gzugs-por　grang-shur-shur chags-byung.
我　里面 -ABL 出来 -NMZ 刚　身体 -POS 冷飕飕　　感到 -ASP
我刚从里面出来身上就感到冷飕飕的。（王会银）

46. གཞིས་ཀ་དེའི་ ཕྱོགས་བཞི་དྭངས་གསལ་ཆུ་བོས་བསྐོར་ཞིང་ཆུ་འགྲམ་གཡས་གཡོན་དུ་རྒྱ་ལྕང་སྔོ་ཐིང་ཐིང་ཡོད་པ་

gzhis-ka de-vi　　phyogs bzhi dwangs-gsal chu-bo-s bskor zhing.
庄园　　那 -GEN 方面　四　明亮　　　河 -INS 围绕

chu-vgram g-yas g-yon-du rgya-lcang sngo-thing-thing yod-pa.
岸边　　　左右 -LOC　柳树　　　绿莹莹　　　　有
那个庄园四周一条明亮的河流围绕，两岸边都是垂杨大树。

47. ཝུ་སུང་གིས་ འགྱོགས་བྱམས་ནང་ནས་ ལྟ་སྐབས་ མི་ཚོགས་འདུ་ལོང་ཆེ་ཞིང་སྐད་ཅོར་འུར་ཐིང་ངེར་སྒྲོག་པ་དང་སྲང་ལམ་ཆེ་ཆུང་ཀུན་ནས་མི་རྣམས་འཚང་ག་ཤིག་ཤིག་ངང་སྟག་རོ་ར་བལྟ་བར་ཡོང་བ་མཐོང་

wu-sung-gis vgyogs-byams nang-nas lta-skabs, mi-tshogs vdu long che
武松 -AG　轿子　　　　里 -ABL 看 - 时候 人群　　聚集　　大

zhing skad-cor vur-thing-nger sgrog-pa dang srang-lam che-chung kun-nas
并　声音　闹哄哄　　　发出　并　巷道　　大小　　全 / 很

mi-rnams vtshang-ga-shig-shig ngang stag-ro-r　　　blta-bar
人群　　熙熙攘攘　　　　正在 老虎尸体 -OBJ　看

yong-ba-mthong.
来 -ASP
武松在轿上看时，只见亚肩叠背，闹闹攘攘，屯街塞巷，都来看迎大虫。

ABB 式的叠音词缀跟词根语音似乎没有明显关系，但语用上看，有些词缀使用较多，甚至具有能产性，例如 ཟེང་ཟེང་：དམར་ཟེང་ཟེང་（-thing thing：dmar thing thing）红彤彤的；有些则相对罕见。以下列出部分例词。

 འཇམ་ཟིང་ཟིང་（vjam thing thing）　静悄悄的

སྣུམ་ཐེང་ཐེང་（snum theng theng）　油光光的

དམར་ལམ་ལམ་（dmar lam lam）　红彤彤的

དྲོ་སོབ་སོབ་（dro sob sob）　热乎乎的

སྔོ་བསངས་བསངས་（sngo bsangs bsangs）　碧油油的

དཀར་ཆབ་ཆབ་（dkar chab chab）　白闪闪的

རློན་ཆོབ་ཆོབ་（rlon chob chob）　湿淋淋的

འཛུམ་དམུལ་དམུལ་（vdzum dmul dmul）　笑眯眯的

ཟེ་ལེ་ལེ་（the le le）　恶狠狠的

བློ་ལྷོད་ལྷོད་（blo lhod lhod）　镇静的

སྔོ་སེང་སེང་（sngo seng seng）　蓝茵茵的

རྫུ་ཤིག་ཤིག་（rdzu shig shig）　假惺惺的

འཁྱག་ཤུར་ཤུར་（vkhyag shur shur）　冷冰冰的

སྐྱ་ཐེར་ཐེར་（skya ther ther）　光秃秃的

ལྗི་ཏིག་ཏིག་（lji tig tig）　沉甸甸的

སྐྱ་ཚུབ་ཚུབ་（skya tshub tshub）　灰溜溜的

སྐྱ་འཁྱིལ་འཁྱིལ་（skya vkhyil vkhyil）　白茫茫的

སྔོ་ཟེང་ཟེང་（sngo thing thing）　绿油油的

少量 ABB 式重叠形容词似乎发生独特的语音变化，第三音节声母沿用了第二音节的韵尾辅音。相比词根元音，词缀都是高元音。其中规律可以进一步探索。观察以下词例。

སྔོ་ཟིང་ངིར་（sngo thing ngir）绿油油的

སྐྱ་ཤུར་རིར་（skya shur rir）灰白的

སྟོང་སང་ངེ་（stong sang nge）空荡荡的

སྐྱིད་ཟིང་ངེ་（skyid zing nge）乐融融的

བཀྲ་ལམ་མེ་（bkra lam me）华丽的

以下例词又有更进一步的变化：

སྐྱིད་སྟོང་རེ་（skyid stong re）乐融融的

ནག་ཧུ་རེ་（nag hu re）漆黑的

སྐྱ་ཐ་ལེ་（skya tha le）灰溜溜的

ABB 式形容词的句法功能和语用功能都值得进一步探索。

3.3　词根重叠的三音节形容词

三音节词根重叠形容词指 AAB 式形容词，但是这类形容词的来源尚不清楚。李钟霖（1982）认为 AAB 式构词方法是在带词尾双音节形容词前添加一个同形字构成，或者在单音形容词构成的 AA 式重叠词之后添加词尾 པོ（po）构成。例如 རྟབ་པོ（rtab po）"急忙，仓促"，构成 རྟབ་རྟབ་པོ（rtab rtab po）"急急忙忙"。又如：

48. དགྲ་པོ་ཕམ་ནས་རྟབ་རྟབ་པོར་བྲོས་སོང་།

dgra-po pham nas rtab rtab-po-r bros-song.

敌人　失败　后　匆忙地 -LY　逃跑 -ASP

敌人失败后仓皇遁逃。

　　李文没有阐释第一种方法的理据，第二种方法似乎要考察 AAB 是否均来自 AA 式，而不是 A + SUF 形容词，才能予以证实（李文实际已列举了带词缀形容词）。为此我们从各类词典 ① 收集了一批 AAB 式形容词，结果发现绝大部分形式都未出现在拉萨话中。而在《格西曲扎藏文词典》中也只收入很少部分。例如：

表 1　三部词典形容词类型对比

藏　　汉		格　　西	拉萨口语
རྟབ་བ་（rtab ba）慌张的	རྟབ་རྟབ་པོ་（rtab rtab po）急急忙忙，仓促的	—	—
བརྟན་པོ་（brtan po）坚定的，稳定的	བརྟན་བརྟན་（brtan brtan）谨慎的，确定的	—	བརྟན་པོ་/བརྟན་བརྟན་（brtan po/brtan brtan）结实的，稳定的
ཡོར་ཡོར་（yor yor）摇摇摆摆的	ཡོར་ཡོར་པོ་（yor yor po）摇摇摆摆的	—	—
ཡུལ་ཡུལ་（yul yul）空洞洞的	ཡུལ་ཡུལ་བོ་（yul yul bo）难为情的，惘然的	—	ཡུལ་པོ་（yul po）寂寞的，冷清的
མོག་པོ་（mog po）光泽暗淡的	མོག་མོག་པོ་（mog mog po）光泽暗淡的	མོག་མོག་པོ་（mog mog po）无光彩的	—
ནར་ནར་（nar nar）长长的	ནར་ནར་པོ་ནར་མོ་（nar nar po/nar mo）狭长的	ནར་ནར་པོ་（nar nar po）继续	ནར་ནར་（nar nar）长条的，长长的

　　以下各词《藏汉对照拉萨口语词典》均未收入，其他词典所收不同，例如：ཀྱམ་ཀྱམ་པ་（kyam kyam pa）美丽的，漂亮的；གུམ་གུམ་པ་（gum gum pa）萎缩的；དགྱེས་དགྱེས་པ་（dgyes dgyes pa）喜悦的；ཆལ་ཆལ་པོ་（chal chal po）杂乱无章的；ཐོམ་ཐོམ་པ་（thom thom pa）迷惑的；འདར་འདར་བ་（vdar vdar ba）抖动的；འདོལ་འདོལ་བ་（vdol vdol ba）松软的；ཕྱང་ཕྱང་བ་（phyang phyang ba）下垂的；བློང་བློང་བ་（blong blong ba）蒙昧的；ཡེང་ཡེང་བ་（yeng yeng ba）散乱的；ཡོམ་ཡོམ་པ་（yom yom pa）摇摆的；རུད་རུད་པོ་（rud rud po）粗糙的；རོད་རོད་པོ་（rod rod po）匆忙的；སེང་སེང་པོ་（seng seng po）稀疏的；ཧུད་ཧུད་པོ་（hud hud po）粗糙的。

　　总起来说，AAB 式词根重叠形容词数量不多，可能只是各地方言零散产生的形式。

---

　　① 　主要有《藏汉大辞典》《格西曲扎藏文词典》《藏汉对照拉萨口语词典》《藏汉词典》。

3.4　元音交替型词根重叠双音节形容词

藏语有一类不完全重叠双音节形容词，例如ཀྱག་ཀྱོག（kyag kyog）弯曲的，རྟབ་རྟོབ（rtab rtob）慌忙的。周季文、谢后芳（2003）称之为音素重叠，意即仅部分音素重叠。Vollmann（2009）把这类重叠称为带元音交替的词干重叠（stem germination with alternating vowels）。有意思的是，Vollmann 使用了 gemination 这个术语，这是一个主要用于语音学的术语，可以理解为"叠音"，这也意味着这类重叠不具有形态意义。

更值得关注的是，相当部分该类词与规律性叠音构成的四音节词等价。例如：

ཉེར་ཉོར　ཉེར་རེ་ཉོར་རེ（nyer nyor < nyer re nyor re）萎靡不振，松松垮垮

ཆལ་ཆོལ　ཆལ་ལེ་ཆོལ་ལེ（chal chol < chal le chol le）乱七八糟；杂乱无章

ཉབ་ཉོབ　ཉབ་བེ་བྱོབ་བེ（nyab nyob < nyab be byob be）萎靡不振；无精打采

ཐང་ཐེང　ཐང་ངེ་ཐེང་ངེ（thang theng < thang nge theng nge）拖拖拉拉；慢慢腾腾

ཐམ་ཐོམ　ཐམ་མེ་ཐོམ་མེ（tham thom < tham me thom me）迷迷糊糊；糊里糊涂

རག་རོག　རག་གེ་རོག་གེ（rag rog < rag ge rog ge）黑乎乎的，黑黢黢的

འབར་འབུར　འབར་རི་འབུར་རི（vbar vbur < vbar ri vbur ri）凹凸不平，疙疙瘩瘩

首先可以注意到的是，这些词都是状态描述性词汇，而且具有负面意义。四音节词的语音上，第二音节和第四音节一样，声母又都是前一音节词的韵尾，元音是高元音ེ（e）或者ི（i），也可以认为这些叠音原本不带辅音声母。第三音节是后元音ོ（o）或者ུ（u），第一音节是元音ａ（a），这两个音节具有词根性质。

由于这种双音节词和四音节词等价，如果没有合适的证据，很难推测它们的来源。就目前掌握的现象来看，可以做以下两种推测。首先，藏语存在大量双音节形式音节重叠词，即 AA 式，例如ཀྱོག་ཀྱོག（kyog kyog）弯曲的。依据元音和谐，推测两音节形式存在一种逆同化现象，即第三音节是原生词根音节，经元音和谐异化为ཀྱག་ཀྱོག（kyag kyog），称为 BA 式。第二种推测认为四音节形式是原生形式，双音节词来源于四音节词的缩减，即去掉韵律上的长音或拖音，结果形成类似双声联绵词的双音节词。

鉴于成对的 AA 式和 BA 式数量不多，反之，相对多数元音交替叠音双音词与四音节词对应并等价，因此第二种推测更为可信。

以下列出更多例词：

ཕར་འཁྱོར་ཚུར་འཁྱོར（phar vkhyor tshur vkhyor）	歪歪扭扭，晃晃悠悠
ར་ཏི་རོ་ཏི（ra ti ro ti）	凹凸不平
ཁ་ཐོར་གུ་ཐོར（kha thor gu thor）	七零八落
རྫ་སི་རྫུ་སི（rdza si rdzu si）	迷离马虎
སྙད་སེ་སྙོད་སེ（snyad se snyod se）	唠唠叨叨，说长道短
སྦ་སེ་སྦོ་སེ（sba se sbo se）	马马虎虎，含含糊糊
ཉ་པེ་ཉོ་པེ（nya pe nyo pe）	萎靡不振，懒洋洋
ཚ་གི་ཚི་གི（tsa gi tsi gi）	零零碎碎，零零星星
སྙག་གེ་སྙོག་གེ（snyag ge snyog ge）	咕咕噜噜，叽里咕噜
ཚབ་བི་ཚུབ་བི（tshab bi tshub bi）	慌慌张张

རབ་བི་རིབ་བི་（ rab bi rib bi ）　　　　　　　　　模模糊糊，隐隐约约

འཚབ་བེ་འཚུབ་བེ་（ vtshab be vtshub be ）　　　慌慌张张，急急忙忙

རབ་བེ་རོབ་བེ་（ rab be rob be ）　　　　　　　　粗枝大叶，马马虎虎

　　有些例词显然是同一词的语音变体形式，或声母辅音音变，或元音变化。此处照录，未作语音分析或归并。重叠式双音节词在句子中可承担定语、状语等多种功能。例如：

49. སྒམ་གཡུགས་ཏེ་ ཅ་ལག་རྣམས་ཁྲག་གེ་ཁྲོག་གེ་ར་ གྱུར་འདུག

sgam g-yugs te ca-lag-rnams khrag-ge-khrog-ge-r gyur-vdug.

箱子 摔　　 且 东西 -PL　　　乱七八糟　　　　COP 变得 -ASP

箱子摔了，东西弄得乱七八糟。（补语）

50. ས་ཆ་ ལང་ངེ་ལོང་ངེ་ ཚང་མ་ བརྡལ་ནས་ ཁོད་སྙོམས་པོ་བཟོས་པ་

sa-cha lang-nge-long-nge tshang-ma brdal nas khod-snyoms-po-bzos-pa.

地方起 伏不平的　　　　　全部　　铺开且　高低均匀 - 做 -NMZ

凹凸不平至处都已修补平整。（定语）

51. ཆུ་ལང་ངེ་ལོང་ངེར་ ཁོལ་ཏེ་ རླངས་པ་འཕྱུར་

chu lang-nge-long-nge-r khol te rlangs-pa-vphyur.

水起伏不平 -Ly　　　　沸腾 且 水汽喷涌

开水沸腾，蒸汽上涌。（状语）

4. 副词的重叠

4.1　常见副词

　　跟形容词不同，能够重叠的副词数量不多，而且未必都是词法上的重叠，不排除句法上的临场重复。例如，

ཏག་ཏག་（ tag tag ）刚好，正好　　　　　ཐོལ་ཐོལ་（ thol thol ）时而，不时

ཡང་ཡང་（ yang yang ）反复地　　　　　ནན་ནན་（ nan nan ）实实在在，踏踏实实

ཕར་ཕར་（ phar phar ）远远地　　　　　ཧང་ཧང་（ hang hang ）空空地

ཧོབ་ཧོབ་（ hob hob ）突然，忽然　　　　ཧུར་ཧུར་（ hur hur ）愕然地

བརྟན་བརྟན་（ brtan brtan ）一定；无疑　གཏན་གཏན་（ gtan gtan ）一定

ཅོག་ཅོག་（ cog cog ）端端地　　　　　　མཚམས་མཚམས་（ mtshams mtshams ）偶尔，间或

　　试观察以下案例，副词 ཡང་ཡང་（ yang-yang ）"反复地"重叠最为常见。བརྟན་བརྟན་（ brtan-brtan ）"一定，必定"原本来自形容词重叠式。也有带词缀形式 བརྟན་པོ་（ brtan po ）稳定，坚定，该词的四音格重叠形式是 བརྟན་བརྟན་ཏིག་ཏིག་（ brtan brtan tig tig ），可缩减为 བརྟན་ཏིག་（ brtan tig ），都符合形容词词法规则。但同时，这个词也充当副词，是常见现象。

52. ཁེ་གྱོང་སྲང་ལ་ ཡང་ཡང་བཏེག

khe-gyong srang-la　 yang-yang bteg

得失　　　 天平 -LOC 反复　　 扶持

反复权衡得失。

53. སྤྱང་པོས་ བསམ་བློ་ལན་སྟོང་ བཏང་ ན་ ཡང་། འཕྱུགས་པ་ ཐེངས་གཅིག་ བརྟན་བརྟན་ ཡོང་བར་ འགྱུར།།

spyang-po-s bsam-blo lan stong btang na yang.

聪明 -INS 思想　　次 千　做　虽也

vphyugs-pa thengs gcig brtan-brtan yong-ba-r　　　　vgyur.

错误　　　次　一　必定　　发生 -NMZ-COP 变

智者千虑，必有一失。

4.2　临场副词

句子 54 和 55 似乎可看作临场组合，其中 རེམ་རེམ་（rem-rem）"匆忙，尽力，竭力"来自形容词 རེམ་པོ་（rem po）"勤奋"或动词 རེམ་（rem）努力。此处可能是临场重叠音变：

54. རེམ་མ་རེམ་མ་སོང་།།

rem-ma-rem-ma song.

快（努力）　　走

快快走。

重叠副词 ཕར་ཕར་（phar-phar）那边，表示远指处所或时间，比较常见，例如：དུས་ཡུན་ ཕར་འགྱངས་（dus-yun 时间期限 phar-phar 那边 vgyangs 延迟）时间拖得很久。再如：

55. ངས་ སེམས་ཅན་དེ་གྱད་ ཕར་ཕར་ དེད་ པ་ཡིན།།

nga-s sems-can de-gyad phar-phar ded-pa-yin.

我 -AG 牲口　　那些　　那边　　驱赶 -ASP

我把那些牲口赶到那边那边去了。（周季文）

56. ལས་དོན་གང་ཅིར་ ཁུར་བསམ་ཆེན་པོས་ ནན་ནན་ བྱེད།།

las-don gang-ci-r khur-bsam chen-po-s nan-nan-byed.

工作　任何 -OBJ 责任感　　大 -INS 踏踏实实地 - 做

以高度负责的精神，踏踏实实对待一切工作。

4.3　形容词加副词标记

除了以上基本重叠形式，副词还有一些较为复杂的重叠，其中部分跟形容词有一定关系，是藉助形容词重叠再添加副词性标记造成的。例如：བསྟུད་བསྟུད་པར་（bstud bstud par）接连不断地；ཏབ་ཏབ་པོར་（tab tab por）忽然，匆忙地；ཐོལ་ཐོལ་བར་（thol thol bar）突然；སྐབས་སྐབས་སུ་（skabs skabs su）有时候；སྐབས་སྐབས་（skabs skabs）时而，间或；等。还有四音格形式的重叠，数量不多。例如：

57. ཡང་སེ་ཡང་སེ་ཕེབས་རོགས་གནང་།།

yang-se-yang-se phebs-rogs-gnang.

经常　　来　　请 -HON

请经常来。

这类词还有：ཁད་ཀྱིས་ཁད་ཀྱིས་（khad kyis khad kyis）迟迟，渐渐；ཁ་གདངས་མིག་གདངས་（kha gdangs mig gdangs）目瞪口呆；གང་ལ་གང་འོས་（gang la gang vos）机动灵活地；ཁ་ཐོག་ལག་བཤར་（kha thog lag bshar）说到做到；ལམ་སང་ལམ་སང་（lam sang lam sang）一会儿；或者 གཅིག་གཅིག་གཉིས་གཉིས་（gcig gcig gnyis gnyis）一五一十地；ངམ་ངམ་ཤུག་ཤུགས་（ngam ngam shug shugs）自然而然。代词 གང་（gang）

"什么，任何"可以跟某些形容词或动词重叠形式结合构成特别的副词，例如：གང་ལེགས་ལེགས་（gang legs legs）尽量好地，གང་མགྱོགས་མགྱོགས་（gang mgyogs mgyogs）尽快地，གང་ཤེས་ཤེས་（gang shes shes）尽其所知地。

参考文献

胡坦，索南卓嘎，罗秉芬. 拉萨口语读本（第二版）[M]. 北京：民族出版社，1999.

江荻. 现代藏语派生名字的构词方法 [C] // 何大安（主编）. 语言暨语言学：专刊外编之六. 台北："中研院"语言所，2006：395—418.

李钟霖. 藏语重叠词及联绵词构词规律新探 [J]. 青海民族学院学报，1982（3）.

仁增旺姆. 重叠方式在安多藏语中的运用 [J]. 西北民族学院学报，1987（4）.

王会银. 现代藏语拉萨话形容词重叠形式 [J]. 中央民族学院学报，1987（6）.

王会银. 藏语拉萨话动词的重叠形式 [J]. 民族语文，1988（3）.

张济川. 藏语词族研究——古代藏族如何丰富发展他们的词汇 [M]. 北京：社科文献出版社，2009.

周季文，谢后芳. 藏语拉萨话语法 [M]. 北京：民族出版社，2003.

Goldstein, Melvyn C., Gelek Rimpoche, Lobsang Phuntshog. 1991. *Essentials of Modern Literary Tibetan：A Reading Course and Reference Grammar*. University of California Press.

Hill, Nathan W. 2014. Sino-Tibetan：Part 2 Tibetan. In：Lieber, Rochelle and Štekauer, Pavol（eds.）, *The Oxford Handbook of Derivational Morphology*. Oxford：Oxford University Press, pp. 620—630.

Shirai, Satoko. 2014. Reduplication and nominalization in Tibeto-Burman. Papers from the Second International Conference on Asian Geolinguistics. Thailand：Bangkok.

Simon, C. & Nathan W. Hill. 2015. Tibetan. In：Nicola Grandi and Lívia Körtvélyessy（eds.）, *Edinburgh Handbook of Evaluative Morphology*. Edinburgh University Press.

Uray, Géza 1954. Duplication, germination and triplication in Tibetan. *Acta Orientalia Academiae Scientiarum Hungaricae* 4.1-3：177—256.

Vollmann, R.（2009）. Reduplication in Tibetan. *Grazer Linguistische Studien*, 71, 115.134.

"咬"的说法、字音在连城县及邻县乡镇的地理分布

广东外语外贸大学　严修鸿　魏慧斌

内容提要　在方言复杂的闽西连城县及周边地区进行密集的布点，就"咬"的说法进行调查，并进行地理展现。调查表明，主要有两类说法，"咬"和口"noʔ⁷"。后者分布于连城北部及清流的南部，前者见于其他地区。说"咬"的有两个古音来源，其中客家话是来自疑母的，而闽方言则是来自匣母下巧切的。来自下巧切的，读音有两种，一种与闽语一样，读同群母，一种则读同匣母一般层次，多为 h- 类。本文将调查结果以语言地图的方式展示，其地理差异与地缘联系可望一目了然。

关键词　地理语言学；咬；匣母；客家话；闽语

1. 调查范围

福建省西部的连城县，地处闽江、九龙江、汀江的源头，位于闽客方言的交接带上。县境及周边相关的方言复杂多变，世所闻名。仅连城县境内，个性鲜明而难以通话的就有 14 种（严修鸿、邱庆生 2017，第 5 页），加上相邻的永安罗坊片，上杭古蛟片，本文涉及的一共有 16 种个性鲜明而内部存在历史联系的方言。

就"咬"的叫法，本文在该县调查 107 个方言分布点，加上语言属性、地缘上与连城密切相关的邻县 36 个方言点（如上杭南阳、古田、蛟洋、步云 4 个乡镇，龙岩市万安、江山、大池等乡镇，永安市罗坊乡，清流县的长校、李家、灵地、赖坊等乡镇），一共 143 个地点。以"咬"的叫法为例，对词语进行说解，并进行初步的地理展现。本调研项目的设点原则是，若该乡镇内部有明显的口音分别，一定设点（多数地点如此），但若当地自认为口音差别不大，然而地图存在明显的空白，也设点以图均衡（南部少数地点是这个情况）。

2. "咬"在汉语方言中的情形

"咬"是表示上下牙对住，压碎或夹住东西的动作，是人类生存和生活关系最密切的概念之一，是日常生活中反复、经常使用的词，斯瓦迪士核心词 100 词收入条目。

这个动作，在汉语方言中多数也是用了"咬"字，据《汉语方言词汇》（北大中文系 1995，336 页），南北方言共 20 个地点，多数用了"咬"字，只有长沙用"齩"，双峰用"齧"。

其中与连城方言关系密切客家话代表点梅县用"咬"ηau^{44}。来自《集韵》疑母上声巧韵的五巧切。李如龙、张双庆 1992，《客赣方言调查报告》，各点情况如下：

单字	咬
地点	效开二上巧疑
梅县	ŋau¹
翁源	ŋau¹
连南	ŋau¹
河源	ŋau⁵
清溪	ŋau¹
揭西	ŋau¹
秀篆	ŋau¹
武平	ŋɒu¹
长汀	ŋɔ¹
宁化	ŋau³
宁都	ŋau¹
三都	ŋau³
赣县	ŋɔ¹
大余	ŋɔ³
西河	ŋau¹
陆川	ŋau¹
香港	gau¹

单字	咬
地点	效开二上巧疑
茶陵	ŋɒ¹
永新	ŋɒ³
吉水	ŋau³
醴陵	ŋau³
新余	ŋau³
宜丰	ŋɑu³
平江	ŋau³
修水	ŋau³
安义	ŋau³
都昌	ŋau³
阳新	iɒ³
宿松	ŋau³
余干	ŋau³
弋阳	ŋau³
南城	ŋau³
建宁	ŋau³
邵武	ŋau³

闽语点也是用了"咬"字，但是古音来自下巧切，闽语是匣母读同群母：

福州 ka²⁴²、厦门 ka²²、潮州 ka³⁵、建瓯 kau⁴²（北大中文系 1995，336 页）。

《康熙字典》"齩"条：《唐韵》《集韵》《韵会》五巧切，同咬。《说文》啮骨也。《广韵》啮也。《前汉·食货志》"罢夫羸老，易子而齩其骨"。《张协·七命》"口齩飞刃"。又《集韵》下巧切。效上声。义同。颜森（2005：174 页）"齩□骨"列在下巧切之后，其竖线后是根据《集韵》反切。

根据邓享璋（2017：324—335 页）引述，内陆闽语"咬"读下巧切的有：

	建瓯	政和	松溪	石陂	建阳	永安	三元	沙县	盖竹
咬	kau⁸	kau⁵	kɒu⁸	gau⁵	kau⁵	ko⁴	kɒ⁴	kau⁴	ko⁴

3. "咬"这个说法在连城及周边方言的表现

连城方言在闽客交接带上,"咬"的说法有三种情况:

(1)用"咬"字,但像闽语那样读的是下巧切,匣母读为一般层次,读 h- 类,一共有45 个地点,例如:

县-乡镇-村落	"咬"的读音	备 注
连城-北团-倒湖	$\int a^{33}$	hia>∫ia>∫a,读阴平
连城-林坊-张坊	$h \mathfrak{o}^{51}$	上声
连城-文亨-文保	$h \alpha^{41}$	上声
连城-林坊-林丘	$h \alpha^{51}$	上声
连城-揭乐-布地	$h \mathfrak{o}^{42}$	上声
连城-莒溪-溪源	$h a^{41}$	上声
连城-莒溪-太平寨	$h \mathfrak{o}^{33}$	阴平
连城-赖源-黄宗	$h a^{33}$	阴平
连城-曲溪-罗胜	$h \mathfrak{o} \mathfrak{P}^{53}$	阳入
上杭-步云-梨岭	$h \alpha^{44}$	阴平
连城-莒溪-太平寨	$h \mathfrak{o}^{33}$	阴平
龙岩-万安-西源	$h a^{33}$	阴平
连城-姑田-蒋屋	$h a \mathfrak{P}^{53}$	阳入

这带方言浊上字有读如阴平、上声、阳入的情形,参见严修鸿(1999),"咬"在声调对应是符合各个地点对应的。

这个类型,大致是以文亨镇为中心,向北扩散至北团镇的西北角、向东扩散到曲溪乡的全境及赖源乡,向南扩张到莒溪镇中部、东部的多数地点,直至万安镇西端及上杭县步云乡全境。

这个类型特点在于保留了闽语下巧切匣母的读法,但是语音层次比较晚,不读群母。这个类型目前仅见于这个区域,反映了连城方言区域独有的创造,闽语区其他地方没有这个表现。

(2)用"咬"字,像闽语那样读的是下巧切,匣母读为群母,读 k- 类,一共有 22 个地点,如下全部列出:

县-乡镇-村落	"咬"的读音	备　注
永安-罗坊-盘兰	ka?^{53}	阳入
龙岩-万安-好坑	kuo?^{53}	阳入
龙岩-万安-浮竹	ka?^{53}	阳入
龙岩-万安-梧宅	ko?^{53}	阳入
龙岩-万安-涂潭	ko?^{42}	阳入
龙岩-江山-下车	ko?^{31}	阳入
龙岩-万安-松洋	ka?^{5}	阳入
龙岩-万安-高林	ka?^{53}	阳入
连城-赖源-下村	ko?^{53}	阳入
连城-赖源-黄地	ko?^{53}	阳入
连城-赖源-郭地	ko?^{53}	阳入
连城-赖源-李八坑	ko?^{53}	阳入
连城-赖源-陈家村	ko?^{53}	阳入
连城-赖源-河祠	ka?^{53}	阳入
连城-赖源-芹菜洋	ka?^{53}	阳入
连城-赖源-张公垅	ka?^{53}	阳入
连城-姑田-中堡	kɔ?^{53}	阳入
连城-姑田-长较	ko?^{53}	阳入
连城-曲溪-新和	kuo?^{53}	阳入
连城-姑田-上余	ko?^{53}	阳入
连城-揭乐-乐太平	ko^{55}	阳入
连城-姑田-俞屋	kɔ?^{53}	阳入

这带方言"咬"读下巧切，读同群母，与一般沿海闽语浊上归阳去不同，这 22 个地点一律读阳入。

这个类型，大致是分布在连城东部的姑田镇、赖源乡以及龙岩西北的万安镇，永安市罗坊乡西南角的盘兰村。揭乐乡的乐太平以及曲溪乡的新和，是姑田话的方言岛。

这个读不送气软腭塞音 k- 的类型见于与闽语区接壤的东部，反映了内陆闽语在这个区域的延伸。

（3）用"咬"字，像客家话那样读的是五巧切，疑母，读 ŋ- 类，一共有 52 个地点，如下举例列出其中 22 个地点：

县-乡镇-村落	"咬"的读音	备　注
清流-长校-长校	ηgao^{33}	阴平
连城-四堡-上枧	$\eta a\gamma^{23}$	阴平
连城-莲峰-西康	$\eta\sigma^{42}$	阴平
连城-揭乐-吕屋	$\eta\sigma^{42}$	阴平
连城-北团-焦坑	$\eta\sigma^{43}$	阴平
连城-林坊-有福	ηao^{43}	阴平
连城-朋口-天马	$\eta u\sigma^{44}$	阴平
连城-姑田-郭坑	ηao^{44}	阴平
连城-姑田-上东坑	ηao^{42}	阴平
连城-北团-赖屋坝	ηgao^{33}	阴平
连城-塘前-迪坑	ηgao^{33}	阴平
连城-宣和-培田	$\eta\sigma^{33}$	阴平
连城-林坊-五漈	$\eta\sigma^{33}$	阴平
连城-文亨-富塘	$\eta\sigma^{33}$	阴平
连城-朋口-朋口	$\eta u\sigma^{44}$	阴平
连城-莒溪-壁洲	$\eta\sigma^{33}$	阴平
连城-新泉-新泉	ηuo^{22}	阴平
连城-庙前-芷溪	$\eta\sigma^{22}$	阴平
上杭-南阳-南岭	$\eta u\gamma^{33}$	阴平
上杭-古田-赖坊	ηa^{33}	阴平
上杭-蛟洋-文地	ηa^{22}	阴平
龙岩-大池-黄美	ηa^{33}	阴平
龙岩-万安-赤高坪	ηua^{33}	阴平

这带方言"咬"读同疑母，与一般客家话相同，这49个地点一律次浊上白读归阴平。

这个类型，大致是分布在清流西南角的长校镇、连城西部的四堡镇、宣和乡、朋口镇、新泉镇、庙前镇，县城莲峰镇及莲峰镇在乡间的方言岛、上杭的古田、蛟洋、南阳三镇。揭乐乡的乐太平以及曲溪乡的新和，是姑田话的方言岛。龙岩市大池的黄美，是上杭古田方言延伸，而龙岩万安则是新泉话的方言岛。

这个类型见于与客家话区接壤的西部，反映了闽西客家话在这个区域的延伸。

（4）不用"咬"字，读一个可能来自泥母，咸、梗摄的入声类，一共有21个地点，如下列出全部的 21 个地点：

县-乡镇-村落	"咬"的读音	备　注
永安-罗坊-罗坊	$lɔʔ^{21}$	不用"咬"字，泥来不分
永安-罗坊-左拔	$loʔ^2$	不用"咬"字，泥来不分
清流-灵地-灵地	$loʔ^{42}$	不用"咬"字，泥来不分
清流-李家-河北	$luʔ^{53}$	不用"咬"字，泥来不分
清流-灵地-田中	$louʔ^{42}$	不用"咬"字，泥来不分
清流-灵地-下芜	$loʔ^{42}$	不用"咬"字，泥来不分
清流-赖坊-赖安	$luɤʔ^{21}$	不用"咬"字，泥来不分
连城-北团-罗王	$ndoʔ^4$	不用"咬"字
连城-塘前-罗地	$noʔ^{53}$	不用"咬"字
连城-塘前-张地	$noʔ^{42}$	不用"咬"字
连城-塘前-水源	$ndʊʔ^{43}$	不用"咬"字
连城-揭乐-漈下	no^{242}	不用"咬"字
连城-罗坊-长坑	no^{35}	不用"咬"字
连城-罗坊-下罗	$noʔ^{53}$	不用"咬"字
连城-罗坊-萧坑	$ndoʔ^{41}$	不用"咬"字
连城-罗坊-富地	$noʔ^{53}$	不用"咬"字
连城-罗坊-坪上	$nuɤʔ^{35}$	不用"咬"字
连城-隔川-隔田	$noʔ^{53}$	不用"咬"字
连城-隔川-竹叶山	$noʔ^{53}$	不用"咬"字
连城-揭乐-小朱地	no^{24}	不用"咬"字
连城-姑田-大洋地	no^{24}	不用"咬"字

　　这个类型，大致是分布在永安市罗坊乡的多数地点，清流南部的灵地镇、赖坊镇、李家乡，连城北部的罗坊乡、隔川乡、塘前乡、北团镇。与塘前交界的揭乐乡的小朱地、姑田镇大洋地。

　　这个类型比较独特，没用全国各地多见的"咬"字，而独树一帜地用了咸梗摄泥母入声的一个音节。这块区域大致也是全浊声母清化后今读塞音、塞擦音读全不送气的区域。

　　（5）兼有两种说法的，一个见于北团镇的溪尾村，兼有"咬"疑母以及北部独特说法两种。兼类的说法，反映了语言的接触与竞争。

连城–北团–溪尾	ŋgao^{33}/loʔ^{42}

一个见于莒溪镇的墩坑村及上杭县步云乡的马坊村，用"咬"，读阴平，但兼有疑母、匣母这两种读法。

连城–莒溪–墩坑	hɔ^{33}/ŋɔ^{33}
上杭–步云–马坊	ha^{44}/ŋa^{44}

4. "咬"这个说法在连城及周边方言的地理分布

如下将如上"咬"的说法以在地图上以特征图的方式展示，其中实心圆形，表示闽西客家常见类型，"咬"读疑母阴平调；方形，表示与闽语相关；实心正方形表示这个区域独特的下巧切，但不读群母的类型；空心正方表示与一般闽语常见的，咬读下巧切，且同群母；箭头朝下的表示不用"咬"字的类型；兼类的以少见的星号表示。

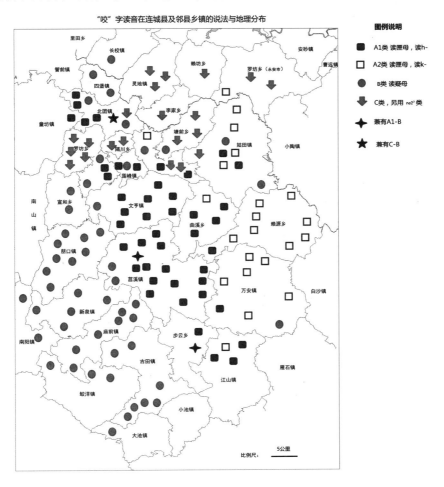

"咬"字读音在连城县及邻县乡镇的说法与地理分布

5. 小　结

"咬"是一个核心词，但是在这块闽客交接区域，却有两个差异较大的说法。即使是同用"咬"字，古音来源却有不同，分别展示了这块区域与相邻闽客方言的历史与地缘联系。透过这个过细的地理展现，我们看得到方言渗透的具体细节。

附录　调查地点分布图

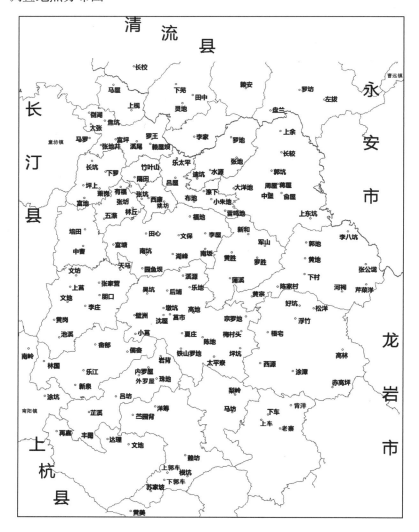

参考文献

北大中文系. 汉语方言词汇 [M]. 北京：语文出版社，1995.

邓享璋. 内陆闽语的语音变例方言［J］. 方言，2017（3）.

李如龙，张双庆主编. 客赣方言调查报告［M］. 厦门：厦门大学出版社，1992.

颜森. 广集韵谱［M］. 南昌：江西人民出版社，2005.

严修鸿，邱庆生. 中国语言文化典藏连城卷［M］. 北京：商务印书馆，2017.

严修鸿. 连城方言古浊上字的调类分化——兼论福建内陆闽语"浊上归入"的现象［J］. 日本早稻田大学，1999.

语言类型学视野中的汉语致使结构研究 [①]

中国人民大学　宋文辉

内容提要　本文综述了部分致使结构语言类型学研究的重要文献和部分跟致使、因果相关的哲学研究文献，同时简要分析了汉语致使结构的一般情况。文章澄清了致使和因果的关系，说明致使事件的概念组织，评析了致使结构的形态句法类型和语义类型、受使者的编码类型、致使化的等级等问题的研究，并结合汉语事实对汉语致使结构的上述几个方面的情况作了简要分析。

关键词　致使结构；语言类型学；汉语

引　言

致使结构（causative construction）是现代语言类型学的核心研究对象之一。早在 20 世纪 60 年代现代语言类型学发轫之际，前苏联列宁格勒类型学小组就对此作了系统研究（Xolodovic ed.，1969）。西方语言学界在这个领域的研究则要开始得晚一些，早期的重要文献包括 Shibatani（1973）、Comrie（1975）、Shibatani（1976a）中所收的 Shibatani、Comrie 和 Talmy 等学者的重要论文等。这些经典文献对于致使结构的形态句法类型、语义类型、形式和意义之间的联系规律、致使动词的构造、参与者的形态句法表现等方面的共性和类型作出了重要的概括，成为后来研究的基础。此后这个领域一直受到语言类型学界的关注，成果十分丰富。

近年来，汉语致使结构的研究受到了较多的重视，除了涌现出大量的高质量的论文之外，还出现了一批研究现代汉语致使结构的专著（如熊仲儒 2004、宛新政 2005、周红 2005、宋亚云 2005、宋文辉 2007、施春宏 2008 等）和一些研究汉语致使结构类型学特征的博士论文和专著（如牛顺心 2004、朱琳 2011 等）。

本文旨在梳理致使结构语言类型学研究的重要文献和部分相关的哲学研究文献，并以此为基础对汉语致使结构做简要分析。

---

①　本文的初稿是为中国人民大学陈前瑞教授主编的《语言类型学视野中的汉语研究导论》所写的一章，该书后来因为种种原因未能出版。在此谨对陈前瑞教授当年对作者的鼓励和督促表示感谢。

1. 致使的概念

1.1　致使事件的核心规定性

致使和因果联系密切，容易混淆，其关系需要作具体分析。

因果关系（causal relation）是事件（events）之间最常见的关系之一，也是人认知世界、组织经验的最基本的认知模型之一。判断两个事件之间是否存在因果关系的标准是看二者的联系方式是否包含因果性（causality）。因果性的本质是千百年来哲学、自然科学和许多社会科学所探究的最核心的议题之一，其内涵非常复杂。因果性的构成要素中，最重要的是联系诸事件并决定谁是因、谁是果的种种关系。这类关系中非常重要的一种即卷入到事件中的两个对象之间的力的作用关系（Talmy，2000），其中施力者对受力者施力（使因），使其原有状态发生变化（结果）。在人对事物间相互作用的日常认知经验中，这类关系最为直观，也最为凸显。这是相关事件被概念化为致使事件（causation）的认知基础。

这个概念化过程的大致情形如下：外在世界中的运动、变化纷繁复杂，人在观察外在世界时，会在概念认知层面对其观察结果作进一步加工，把连续的运动变化切分开来，概念化为一个个事件，如果上述初步切分得到的两个事件被能赋予因果关系，且因果关系是基于卷入事件中的对象之间存在明显的力的作用的事实而得以确定的，则具有特殊因果关系的这两个事件会因为联系紧密而在认知上而被整合为一个整体，概念化为一个复杂事件——致使事件。因而复杂事件中有无施力者和受力者角色的明显区分和力的作用是其能够被判定为致使事件的关键（可参 Nedyalkov & Sil'nickij 1973：1 所作的大致相同的分析）。

过去往往有学者对致使事件的上述核心规定性关注不够，因而产生了一些混淆。如唐翠菊（2001）把重动句分为致使和非致使两类，前者如"张三看那幅画看呆了"，后者如"他来晚了"，前者可以致使化，如"那幅画看呆了张三"，后者不可以。这个分类显然是很有价值的，但却存在问题，研究者错把因果当成了致使（宋文辉 2018）。"看呆"虽然包括两个对象物之间的影响和被影响的过程，但说话者按照自然的观察方式，从"张三"这个人而不是"那幅画"这个物的角度来观察事件（人比物更容易被移情，Kuno 1987），则上述人受到物影响的过程在说话者的认知上不凸显，因而相关情境被概念化为自动事件；"看呆"只有致使化之后才表达致使事件，这时凸显"那幅画"这个物对"张三"的影响力。

上述表现对象之间客观的力的作用的致使事件是该范畴的原型，其他抽象的致使事件都是其隐喻派生物。自然语言中运用一定的形态句法手段来表达各种致使事件，就形成了各种致使结构（causative constructions）。

1.2　致使事件的概念构成

致使结构表达致使事件：

（1）a. 小李摔碎了杯子。

　　　b. 小李摔杯子。

　　　c. 杯子碎了。

（1a）是致使结构，（1b）和（1c）是非致使结构。显然致使结构比非致使结构表达的事件的概念结构要复杂。由（1a）可知，致使事件"小李摔碎了杯子"包含"小李摔杯子"和"杯子碎了"两个次事件，前者是"使因事件（causing event）"，后者是"结果事件（caused event，原义是受使事件）"（Shibatani，1976b；Talmy，2000 等）。使因事件发生时间在先，其发生是导致结果事件发生的必要条件，结果事件发生时间在后，是致使事件引发的后果（Comrie，1989 称为 effect/result）。

使因和结果两个次事件整合在一起就构成致使事件，分别表达两个单纯事件的谓词各有一套语义角色，而在致使事件的表达中，二者整合成一套。致使者（causer）和受使者（causee）是致使事件中两个最重要的语义角色。使因事件的施事，如（1a）的"小李"，在致使事件的概念结构中是最凸显的语义角色，一般称为致使者或"致事"，典型的致使者对致使行为具有意愿性和控制力；结果事件的唯一参与者或者参与者之一（通常是其最重要的语义角色），是致使行为的承受者，即致使事件的受使者，典型的受使者往往对其自身的变化或其所执行的行为缺乏意愿性，其变化或行为是在致使者影响或控制下进行的，如（1a）的"杯子"。

致使者和受使者之间存在种种力量作用过程（Talmy，2000），二者自身的特征及其相互作用的类型与强度制约着致使事件的特征。

致使事件是一个概念化过程的结果，概念化的对象不只包含（1a）这种客观的致使情景（causative situation），还包含说话人主观认知的致使情境（包含力的作用关系的隐喻派生物）。如：

（2）他把个老婆也跑了。

（2）中，说话人认为致使者"他"是"老婆跑了"的负责任者，他的某些行为是致使这种结果出现的使因（张伯江 2000）。沈家煊（2002）将（1a）这类情况称为"客观处置"，将（2）这类情况称为"主观处置"，揭示了二者的核心差异。

之所以会存在主观致使，是因为因果关系或致使事件本来就是人主观认知组织的结果，是人对外在世界中的事态的一种解释（Davison，1963；Strawson，1992 等）。其概念结构虽具有一定客观基础，但也受到人的认知模式的制约，具有一定主观性。

2. 致使结构的基本类型

2.1　致使结构的基本类型

致使结构的分类可以有形式和意义两个基本的角度。

2.1.1　致使结构的形态句法分类

从致使结构的形态句法特征方面给其分类，一般的标准是看致使这个语义成分的表达形式的透明性或可分析性，具体说来就是表达致使者行为的谓词和表达受使者行为或变化的谓词之间的融合程度。按照这个标准通常把致使结构分为词汇致使、形态致使和迂说式致使（periphrastic）三个基本类型（Comrie，1989；Dixon，2000 等）。其中前两种属于综合性的（synthetic），都是仅用一个谓词来构成简单的致使结构；第三种属于分析性的（analytic），用两个谓词来构成复杂的致使结构。三类致使结构形成一个连续统，在三类致使结构的典型之间存在着种种过渡类型，并且三类致使结构自身内部也构成一个连续统（Comrie，1989；

Shibatani & Pardeshi，2001 等）。为简洁起见，下面主要说明三类致使结构的典型情况，并说明其地理分布。其他过渡类型，如有必要，到下文具体分析部分再作说明。

2.1.1.1　致使结构的三种典型的形态句法类型

综合性致使结构就是用一个核心动词来构造致使结构。可以分为词汇致使和形态致使两类，前者动词不用形态手段，后者则采用各种形态手段。

所谓词汇致使，就是用自身表达致使事件的动词及其配价成分构成的单一小句。这是最简单，也是融合程度最高的致使结构类型，如：

（3）John broke the cup.

（3）表达一个致使事件，其核心动词"break"自身就可同时表达致使者的行为和受使者的变化，而无需借助致使形态成分、致使助动词或其他动词的帮助。

表达致使事件的致使动词和与其对应的非致使动词间有两种常见的关系：同根和异根。

同根。还可分为两种。第一种情况，致使和非致使用法形式相同（形态学上称为 Labile/ambitransitive），如：

（4）a. John broke the cup.

　　　b. The cup broke.

"break"这类兼具致使及物和非致使的自动不及物两种用法的动词通常称为"非宾格动词（unaccusative verbs）"（可参 Levin & Rappaport Hovav，1995 等）。

另一种情况是，非致使用法是致使用法经反致使（anticausative）形态过程转化而成的，如俄语和土耳其语的情况：

（5）俄语　　　　　　　　　katat'　　　　　　　卷-及物

　　　　　　　　　　　　　katat'-sja　　　　　卷-不及物（Haspelmath，2008）

　　　土耳其语　　　　　　kapa-　　　　　　　关-及物

　　　　　　　　　　　　　kapa-n-　　　　　　关-不及物（Shibatani，2001：2）

异根的（suppletive），如：

（6）a. John killed the fish.

　　　b. The fish died.

"kill"和"die"是不同的词根，但意义密切相关，"kill"表达致使行为和结果，而"die"则只表达结果。

形态致使，即致使结构的核心动词是由词根加形态成分构成的。谓词经形态过程而致使化称为形态致使化。形态致使化的手段最常见的是加词缀，如日语的致使后缀"-（sa）se"。

（7）a. Ziroo-ga　　　　　　　　hasit-ta.

　　　　次郎-主格　　　　　　　跑-过去时

　　　　次郎跑。

　　　b. Taroo-ga　　　　　　　Ziroo-ni/o　　　　　　　hasira-se-ta.

　　　　太郎-主格　　　　　　　次郎-与格 / 宾格　　　　跑-致使-过去时

　　　　太郎使 / 让次郎跑。

（8）a. Ziroo-ga　　　　　　　　kabin-o　　　　　　　　wat-ta.

　　　　次郎-主格　　　　　　　花瓶-宾格　　　　　　　打碎-过去时

　　　　次郎打碎了花瓶。

　　　 b. Taroo-ga　　　　Ziroo-ni　　　　kabin-o　　　　　wara-se-ta.
　　　　　太郎-主格　　　　次郎-与格　　　　花瓶-宾格　　　打碎-致使-过去时
　　　　　太郎使 / 让次郎打碎了花瓶。　　　　　　　　　（Shibatani & Pardeshi 2001：87）

（7）不及物动词 "hasit（run）" 和（8）及物动词 "wat（break）" 都可以加上 "-(sa)se"
后缀构成致使结构。

　　　致使词缀除了后缀之外，还有前缀、中缀，也有比较少见的框缀（circumfixes），如格
鲁吉亚语的 "a- … -ineb"（Song，1996）。此外，常见的形态致使化的手段还有元音交替、
辅音交替、辅音重叠、元音延长、声调变化、动词重叠等（Dixon，2000；Song，2005a）。

　　　形态致使动词的致使和非致使用法的关系有如下两种情况：第一，非致使用法无形态，
致使用法有形态，上述（7）、（8）即是；第二种情况是，两种用法是同一个词根分别加不
同的形态构成的（Haspelmath，2008），如：

（9）a. 日语　　　　　　　atum-aru　　　　　　　收集-不及物
　　　　　　　　　　　　 atum-eru　　　　　　　收集-及物
　　　 b. 乌尔都语　　　　 šuruu honaa　　　　　　开始-不及物
　　　　　　　　　　　　 šuruu karnaa　　　　　　开始-及物
　　　 c. 立陶宛语　　　　 lūžti　　　　　　　　　打碎-不及物
　　　　　　　　　　　　 laužti　　　　　　　　　打碎-及物

　　　各种语言之间，在词汇致使结构和形态致使结构的范围上差距极大。其总的规律是
二者互补分布，如果一个动词可以形态致使化，就不会构成词汇致使结构（Haspelmath，
1993）。虽然也存在个别例外，如日语的一些动词情况（Shibatani，2001：2）。

（10）ori-　　　　　　　　　　下降
　　　 ori-sase-　　　　　　　 使下降　　　　　　　　　形态致使
　　　 oros-　　　　　　　　　使下降 / 降落　　　　　词汇致使

　　　迂说式致使结构，其使因事件和结果事件分别用一个谓词来表达，且二者往往处于不
同的小句之中，前者前景化，处于主句，后者背景化，处于从句（Song，2005b）。如中非
东部的一种班图语 Kinyarwanda 语的情况（Song，2005b）：

（11）umukôôbwa　　y-a-tum-ye　　　　　　n-á-andik-a　　　amábárúwa　meênshi
　　　 女孩　　　　 她-过去时-致使-体　　 我-过去时-写-体　信-复数　　 很多
　　　 那个女孩让我写了很多信。

致使动词 "tum（cause）" 作主句动词，表结果事件的动词 "andik（write）" 作从句动词。

　　　分析性致使结构可分为次序型和目的型两类（Song，2005b）。次序型，即使因事件和
结果事件次第发生，上述（8b）即是；目的型，包含两个小句，从句表达目的，主句表达
为实现目的而施行的行为。目的可以用下列方式在从句中标出：第一类，动词的时体、语
气标记，如将来时、非现实、虚拟语气、非完整体等；第二类，与格、向格、或目的格
标记；第三类，目的小词。如现代希腊语用虚拟语气小词 na 来表达目的（转引自 Song，
2005b）：

（12）ékan-a　　　　　　 ton　　　 jáni　　　　　na　　　　 fíj-i
　　　 使-第一人称 . 主动　定冠词　约翰 . 宾格　　虚拟　　 离开-第三人称单数
　　　 我使约翰离开了。

对于分析性致使结构的范围，也即对致使动词的范围，存在一定争议。有的学者（如 Dixon，2000；Song，2005b 等）主张，致使动词必须是除致使义之外无词汇意义的抽象动词，如 cause，make 等；而有的学者（如 Xolodovic, ed. 1969、Shibatani & Pardeshi，2001；Song，1996 等）则认为，致使动词也可以是包含词汇义的动词，如行为动词、言语动词等。Dixon（2000）认为如放宽标准会使得致使结构的外延太大、太模糊以至于不能控制。但如果考虑到致使结构和其他一切语言学范畴一样是原型范畴，则可认为只要结构整体表达了致使事件，都可以宽泛地看作致使结构，无论其动词的性质如何。这正是构式语法的研究思路。

在既有研究之中，形态致使结构一直是研究重心，成果极其丰富，而分析性致使结构的研究成果则较为少见（Song，2005b）。词汇致使的类型学研究得益于 20 世纪 80 年代以来语言学界对非宾格动词的重视，探求非宾格动词的形成机制和词化规律是语言类型学研究的重要课题之一。

2.1.1.2　致使结构的各形态句法类型的地理分布

综合性致使的地理分布模式不明显。词汇致使结构几乎是所有语言都有的致使结构，探求其地理分布意义不大。形态致使结构的分布虽也十分广泛，但几乎在所有主要的语言区域中都有缺乏形态致使结构的语言，但都极其分散，目前发现只有东南亚和澳洲西北部比较集中，这是因为这些地区的语言形态都不丰富（Song，2005a）。

分析性致使结构的分布上，总的趋势是目的型占优势，有目的型而无次序型的语言大大多于相反的情况，在 Song（2005b）所统计的 118 种语言中，前一类有 68 种，而后一类才只有 35 种，两类都有的语言最少，只有 15 种。分析性致使结构的地理分布虽然目前还没找到清晰的规律，但各大语言区域内部却也有一些优势的倾向：非洲东半部（从埃塞俄比亚到南非）目的型占优势，而非洲西半部次序型占优势；东部非洲的趋势在欧洲大部、高加索、中东和中亚蔓延；印度和东南亚地区，西部和与其临近的中亚的趋势一样，目的型占优势，而在东部，次序型占优势；澳大利亚也是目的性占优势（Song，2005b）。一小部分语言两类结构都有，主要分布在印度-中国区域和西部非洲（Song，2005b）。

2.1.2　致使事件的语义类型

从语义方面给致使事件分类可以有多种角度，其中最主要的一种是对直接致使（direct causation）和间接致使（indirect causation）的区分。如：

（13）a.　He stopped the car.
　　　　b.　He made the car stop.

（13a）表达的是直接致使，（13b）表达的是间接致使。（13a）的理解是，致使者"he"运用刹车等正常手段直接使得车停下，而（13b）则可能是采取非常手段（如破坏机械等）间接使得车停下来。

直接致使和间接致使虽广为使用，但到目前为止在直接性的判断标准上仍存在很多争议。因此甚至有些学者希望用其他的术语来代替它们。如 Shibatani（1973、1976）中使用了"操纵性（manipulative）"和"指导性 directive"这对术语，前者更接近直接致使，后者更接近间接致使。

一种看法是，二者的区别是致使者和受使者之间是否存在空间距离。直接就是"接触性的"而间接则是"距离性的"（Masica，1976）。接触性的，即致使者与受使者接触，并导致其发生变化；而"距离性的"指的是致使者通过一个中介性施事来影响受使者。但这种看法很难解释所有的相关现象（Shibatani，2001）。

另外一种看法是，二者的区别在于使因事件和结果事件之间是否存在时间间隔。间接致使的使因事件和结果事件之间往往存在时间间隔（Nedyalkov & Silnitsky，1973）。如：

（14）a. I frightened him.　　　　　　无时间间隔

　　　　b. I ordered him to leave.　　　有时间间隔

这个特征受到了更多的肯定（如 Comrie，1989；Song，2001；Shibatani，2001 等）。

Shibatani & Pardeshi（2001）指出，致使事件的特征要放在其时空框架内来定位，而其时空框架中，受使者的施事性，即其意愿性和控制力是一个重要的因素。典型情况下，直接致使具有一个受事性的受使者，往往是物；而间接致使具有一个施事性的受使者，往往是人。前者的典型情况其致使行为是身体行为，后者的致使行为则常表现为言语行为。这导致前者的受使者对其变化和行为缺乏意愿性和控制力，而后者的受使者因为有意志力，而有相对的独立性，对其行为具有一定的控制力。

上述是从受使者的角度来看问题的，主要强调了受使者自身的独立性。这个现象也可以从致使者的角度来分析。这时，致使者对受使者的控制力和影响力的大小是影响一个致使事件被概念化为直接还是间接致使的一个重要因素。Comrie（1985：334）描写了日语的两种的致使构式，o- 致使和 ni- 致使。

Taroo ga	Ziroo	o	ik-ase-ta
太郎 主语	次郎	直宾 / 宾格	走-致使-过去时
Taroo ga	Ziroo	ni	ik-ase-ta
太郎 主语	次郎	间宾 / 与格	走-致使-过去时

太郎致使次郎走了。

Comrie（1985：334）指出"（139）句用直接宾语后置词 o，隐含着较强的迫使（例如 Taroo forced Ziroo to go.）；（140）句，使用间接宾语后置词 ni，隐含较小的迫使（如 Taroo persuaded Ziroo to go，got Ziroo to go by asking him nicely.）。"

直接致使和间接致使并不是截然分开的，二者构成一个连续统。各种不同的事件在此连续统上按照直接性的程度排列。Shibatani & Pardeshi（2001）在直接和间接致使两个极点之间设置了一个中间类型——社会性致使（sociative causation），主要是人际互动行为，包含三个次类：联合行动（joint act，即致使者和受使者同时参与了结果事件）、辅助致使（assistive）（即致使事件的辅助下使得结果事件发生）和监控（supervision）（即在致使者监控下结果事件得以发生）。这就形成了如下连续统：

（15）直接-联合行动-辅助性-监控-间接

每种语言都不仅包括一种致使结构，其表达的致使情境都有细微差别。Dixon（2000）提出了一组语义参数来说明致使的可能的变异范围：

和动词相关的参数

1）状态 / 行为 state/action 仅作用于状态或行动还是都有

2）及物性 transitivity

和受使者相关的参数

3）控制 control　　受使者对行为有控制还是没有控制。

4）意志力 volition　受使者是否愿意作某行为。

5）受影响性 affectedness　是全部被影响还是部分。

和致使者有关的参数

6）直接性 directness　致使者的行为是直接的还是间接的。

7）意向性 intention　是有意达到结果还是偶然。

8）自然度 naturalness　是自然发生还是努力达到。

9）卷入 involvement　致使者是否被卷入行为（和受使者一起）。

上面各参数的取值不同，则一个致使结构所表达的致使事件被概念化为直接致使和间接致使的可能性会有所不同。总的来看，直接致使的典型是：致使者有意地自然地直接影响受使者，表达致使行为的动词及物性较高，受使者控制力和意愿性较弱、受影响程度高。

下面谈谈另外一个相关的重要区分——致使和允准（permissive）的区别。

（16）a. I made the vase fall.（致使）

b. I let the vase fall.（允准）

从力量作用的角度来看（Talmy 2000）：致使的特征是，致使者的内在倾向是运动，受使者的内在倾向是保持静止，致使者发出力量对受使者施加影响，使其改变内在倾向而发生运动或变化；而允准的特征是，受事的内在倾向是保持运动，施事虽对局面有控制力，但它不是改变受事的内在倾向，而是取消阻力，容许其内在倾向得以保持。

对于允准是否属于致使事件，意见有分歧。有的学者主张允准和真正的致使不同（如Comrie，1989），但也有的学者倾向于认为允准是一种不典型的致使（如 Talmy，2000；Shibatani & Pardeshi，2000 等）。由于二者关系密切，如宽泛地来看待致使的构成，则后一种看法更为可取。支持后一种看法的事实证据是，在一些语言之中二者采取相同的形式来表达，如 Comrie（1989）所举的格鲁吉亚语的形态致使框缀"a- … -ineb"构成的致使结构有歧义，可理解为致使也可理解为允准。汉语的"让"也有这两种功能。

2.1.3　形态句法类型和语义类型的对应关系

Comrie（1989：171-4）提出了以下致使连续统：

（17）迂说 > 形态 > 词汇

他认为这个连续统和致使的语义类型上的直接性有关联，迂说式直接性最差，词汇致使直接性最强。

Haiman（1983：783-8；1985：108-11）用距离像似动因来解释致使结构的形态句法类型和语义类型的匹配规律：一种语言之中如果有两种致使结构，则使因和结果之间的概念距离与使因谓词和结果谓词的语言距离对应。

Shibatani（2001：91）则认为，上述看法过于简单化了。如在有的语言之中有多种形态致使结构（如 Shibatani & Pardeshi（2001）提到的 Marathi 语），有的表达直接致使情境，有的则表达间接致使情境，即表达直接致使情境和间接致使情境的使因和结果的语言表达式语言距离等同，用距离相似性很难解释。他发现不同的形态致使类型的差别是其能产性不同。能产性高的形态致使，可分析性强，倾向于表达间接致使。因此他提出能产性是形式可分析性之外一个重要的制约因素。特别是从跨语言的角度来看，形式特征有时很难成为一个可靠的确定致使类型的标准，能产性更为可靠。

2.2　汉语致使结构的分类与类型学特征

2.2.1　现代汉语致使结构的形态句法类型

　　汉语致使结构的类型学特征与汉语整体的类型学特征密切相关。较强的孤立性是汉语最为突出的类型学特征。汉语缺乏严格的被动句，"主动-被动"的对立不严格也不凸显（Li & Thompson，1976），而"自动-使动"范畴的对立则构成了汉语语法的最基本的组织框架（徐通锵 1995），致使结构的使用频率颇高且形式多样；汉语的形态不严格也不丰富（朱德熙 1985），使得汉语致使结构倾向于多使用词汇和句法手段，而较少使用形态手段，分析性致使结构类型多样。既有致使结构研究中重形态而轻分析，因此对汉语致使结构进行深入分析具有一定的理论和实践价值。

　　下面依次介绍词汇致使、复合致使、形态致使和分析性致使这几类致使结构。主要介绍现代汉语的情况，古汉语的情况附在每类之后作简要说明。

2.2.1.1　词汇致使

　　现代汉语广泛采用词汇致使结构来表达致使事件。这类结构可以分为同根和异根两类，其中以同根为主。

　　先来看同根的情况。蒋绍愚（2001）指出，汉语史的事实说明，有些动词是从致使的及物动词变成不及物动词的（即反致使），而有些动词则是由不及物动词变成使动及物动词的（即致使化）。有鉴于此，我们将相关现象分为两类，一类是形容词或不及物动词零形式致使化，一类是及物动词自身表达致使事件。

　　谓词致使化的，按其来源可以分为两类：

　　第一类，形容词致使化。主要是部分性质形容词，这种词汇致使的情况与汉语缺乏形态密切相关，也和汉语形容词的特征有关，这个问题第五节再详细讨论。

　　（18）a. 这里的局势很安定。自动

　　　　　b. 一定要先安定局势。致使化

　　第二类，不及物动词致使化。不及物动词可分为两大类，非宾格动词（unaccusative）和非作格动词（unergative）。简单说来，非宾格动词，如"sink"，非作格动词，如"laugh, run"，在形态句法和语义方面都有不同：在形态句法方面，非宾格动词可以词汇致使化，而非作格动词不可以词汇致使化；在语义方面，非宾格动词表示外部致使，即由外因导致的行为或变化，而非作格动词表示内部致使，即由内因导致的行为或变化（Levin & Rappaport Hovav，1995）。总之，由于导致结果发生的使因事件的凸显程度不同——前者使因凸显程度较高，后者使因凸显程度较低，导致二者的形态句法表现有所不同。非宾格动词表达的情境可以从不同角度来观察，如从力量的传递角度来观察，则使因成为关注的重点，可以显现出来，实现为致使者，用致使结构来表达，而从结果状态的角度来观察，则使因不凸显，不显现出来，则用不及物小句来表达。非作格动词因为使因始终不凸显，所以不能显现出来，动词不能词汇致使化。当然，不及物动词分类的实际情况要比这复杂得多，更为具体情况第五节再详述。现代汉语非宾格和非作格两类不及物动词中，非宾格动词词汇致使化很自由，非作格动词要受较大限制。

　　非宾格动词致使化的，如：

　　（19）a. 船沉了。　　　　　　　　自动

b. 他们沉了那艘船。　　　　　　　致使化

非作格动词致使化的，如：

（20）a. 汽车在高速公路上飞快地跑着。　　自动

　　　 b. 咱们到高速上去跑跑这车吧！　　致使化

"跑"的受使者只能是物，而不能是人，并且现代汉语中这类动词也极其少见。

及物动词表达致使事件的往往有相应的不及物用法，其不及物用法也属于非宾格动词：

（21）a. 我军大败敌军。　　　　　　　致使

　　　 b. 敌军大败。　　　　　　　　　自动

古汉语中的一些情况值得进一步探讨。有些非作格动词的词汇致使化并不限制受使者的生命度：

（22）与之玉节而走之。（《公羊传·哀公六年》）

　　　 太公曰："此义人也。"扶而去之。（《史记》卷六十一）

对此现象可以有两种解释：一种可能是，上古汉语词汇致使化比现代汉语更为自由；另一种可能是，上述例子可能是形态致使。目前对此还不好下定论。不过上古汉语的另一个现象为我们提供了一种可能的思路："死、活"这类不及物动词在现代汉语之中不能构成词汇致使结构，但是在上古汉语中却可以，同时其表达的致使事件的特征值得重视。魏培泉（2000）指出"死之"并不是直接杀死受使者，而是间接使其死亡。"活"的情况与之一致，"项伯杀人臣活之"，是说话人做某事间接使得"项伯"得以活命。这种表面形态不变的近似词汇致使的致使结构竟然表达间接致使，使得我们有理由相信，上古汉语的使动化跟现代汉语的同类结构性质差别很大，很有可能是有形态的。这跟上文提到的能产性高的形态致使结构可以表达间接致使的情况十分相似。

异根的情况。如：

（23）a. 歹徒杀了大夫。　　致使

　　　 b. 大夫死了。　　　　自动

这类情况比较少，也不系统。

2.2.1.2　形态致使

上古汉语形态致使化的手段比现代汉语要丰富得多，并且使用范围和频率都较高。常见的构词形态主要有两类：声母清浊和变调（周祖谟1966a、梅祖麟1991等）。也有一些学者认为上古汉语和亲属语言藏缅语一样有较为发达的致使词缀（如潘悟云1991、洪波2003、沙加尔2004、金理新2006等），动词加 -s 前缀构成致使用法，如"亡"（自动）-"丧"（使动），目前尚待进一步讨论。

先来看声母的清浊。同一个汉字记录的一对意义密切相关的动词形式，清声母动词是及物动词，浊声母动词是不及物动词。如："败（帮母）：败（并母）"、"折（章母）：折（禅母）"。这种对立到了中古之后由于浊音清化，清浊对立中和而消失（梅祖麟1991）。

再来看变调。上古汉语有所谓"四声别义"现象，其中非去声是基础用法，去声是派生用法，因为去声当时是一个逐渐形成中的调类（周祖谟1966b）。字同音不同的如"凉"，平声是基础用法，去声是致使用法；字不同的，如"买"上声，是基础用法，"卖"去声，是致使用法（王力1982：32）；"受"古为上声，"授"去声，是致使用法（王力1982：37）。

蒋绍愚（2001）指出及物动词不能致使化，这对于零形式的词汇致使化应该是没有什

么问题的，而对于形态致使化则不完全准确，因为其适用范围往往较大。如，上古汉语中及物动词通过声调的变化来致使化也比较常见。

（24）秋九月，晋侯饮赵盾酒。（《左传·宣公三年》）

　　　　止子路宿，杀鸡为黍而食之，见其二子焉。（《论语·微子》）

当然，（24）这类情况还有其他特殊之处，其动词属于"摄入动词"，跨语言来看，这种动词致使化比一般及物动词容易（Masica，1976、Næss，2007 等）。

上述四声别义的手段到了现代汉语之中仅零星保留了一些，如"凉"有两读，去声表示致使。而有一些情况虽然保留下来，但是否仍能看成形态致使，仍需进一步讨论，如"卖"、"授"已经很难再理解为"致使买"、"致使受"的意思了。

2.2.1.3　复合致使

现代汉语动结式和动趋式属于复杂谓词（complex predicates）（宋文辉 2007），即由两个谓词组成，但句法行为上相当于一个谓词的现象（Alsina *et al.* 1997）。一般海外学者倾向于将其看作是复合词（如 Li & Thompson，1981；Cheng & Huang，1995 等），国内的学者一般倾向于将其看作是短语（如朱德熙 1982、徐枢 1985 等）。但近年来国内学者也有一些不同的看法：施春宏（2008）认为，动结式内部不一致，有的接近复合词，有的接近短语；董秀芳（2007）则认为，动结式可以看作是一种能产的词法模式。很多学者都认为大部分的动结式和动趋式都是既具有词的特征也具有短语特征的成分。

及物动结式一般表达致使事件，上述（1a）即是，再如：

（25）老王撞断了电线杆。

有的学者认为这类基本用法为及物的致使用法的动结式也存在相对应的非致使用法：

（26）电线杆撞断了。

但就此断言"撞断"是非宾格动结式却还是个问题。因为，非宾格动词的非致使用法，如"开、沉"表现的是自发的行为，而（26）这类结构则暗含着被动的意味。因此（26）似乎更适宜看作话题句-意念被动句。此问题还有待进一步探讨。

及物动趋式可表示致使事件，但只能出现在"把"字句或话题句，不能构成一般主动宾语句。这是因为动趋式的补语表达空间趋向，凸显程度大大高于结果补语，必须占据一个独立的句法位置，而现代汉语句子的核心动词后只能有两个独立的句法位置，不能同时容纳下趋向补语、处所宾语和受使者宾语（参宋文辉 2007）。如：

（27）a. 我把他送进了医院。

　　　 b. 他呀，我送进医院了。

　　　 c. * 我送进医院他。

这类结构中，"致使"这个意义并没有一个独立的成分来表达，按照 Talmy（2000）的分析"打碎"的"打"相当于方式和致使两个语义成分的合并表达。不过即使如此，致使义仍然是隐含表达的，并且是"打"进入到"打碎"之后才具有的。因此最好是将动结式、动趋式看作构式，把致使义看作是构式的意义，而不是动词"打"的意义。熊仲儒（2004）则从生成语法的功能核心的角度来分析及物动结式，他指出，其句法核心是一个功能核心，表示致使。总之，从多种不同的理论出发都可以得到致使义并非由独立成分表达的结果，这一点在很多分析性致使结构中也都可以看到。

复合致使结构中，致使事件和结果事件分别由一个词来表达的，因此和典型的词汇致使并不一致。而由于与表达致使事件和结果事件的谓词紧密结合在一起，与二者分离的分析性致使结构也有差距。因此，及物的动结式和致使动趋式可以看作是一种过渡类型的致使结构，既具有词汇致使的特点，又具有分析性致使的特点，这正是其处于典型的词和短语之间的语法地位的一种体现。

其他语言也存在复合致使，常见的类型包括复杂谓词、某些连动式、法语的"致使助动词＋V"结构、复合词、"V＋致使小词（particle）"结构等（Dixon，2000）。

2.2.1.4　分析性致使

由于形态不发达，导致汉语分析性致使结构类型丰富。这主要包括致使状态补语结构和兼语式两大类。

致使状态补语结构。基本格式是"V1＋得＋NP1＋VP2"。如：

（28）a. 逼得他满街找人借钱。　　　　V1 及物动词

　　　　b. 走得我累极了。　　　　　　V1 非作格不及物动词

　　　　c. 累得我都走不动了。　　　　V1 非宾格不及物动词

其 V1 是致使动词，处于主句，VP2 表达结果事件，处于从句，NP1 是受使者。V1 可以是及物动词，也可以是非作格不及物动词和非宾格不及物动词。由于动词范围极广，非作格动词进入很自由，可见该结构表达致使不是动词致使化导致的，而是整个构式的构式义决定的。VP2 中的谓词可以是及物动词、不及物动词或形容词，这和动结式有类似的地方，动结式的补语所表达的结果的静态性较强（Gao，1998），但也有一定差别，部分补语是动态的高及物性结构。这类结构一般都是已然的，故而补语不可能表达目的，属于次序型分析性致使结构。

兼语式。其基本格式是"NP1＋V1＋NP2＋V2＋（NP3）"。常见的类型如下（李临定1987）：

第一种，V1 是"使、令、让"的。如：

（29）a. 安眠药使他迅速入睡了。

　　　　b. 这件事令他非常不快。

　　　　c. 他让我出去。

第二种，V1 是包含词汇意义的及物动词，如：

（30）a. 派人去了一趟北京。

　　　　b. 逼她借钱。

　　　　c. 招呼他进来。

第三种，V1 表示监控行为的及物动词：

（31）我就在这看（kān）着你读书。

第四种，V1 是表示辅助性行为的及物动词，如：

（32）扶他上车。

兼语式的后三类情况，既可以描述已然发生的事件，也可以表达未然的事件，表明说话人的目的。前者从句动词往往可带体标记，后者不带，用光杆动词表示通指性事件。以第二类为例：

（33）a. 逼她借了高利贷。　　　　叙实　　　　　　次序型

　　　　b. 逼她借高利贷。　　　　说明目的　　　　目的型

这说明次序型和目的型分析性致使结构在汉语中同时存在，Song（2005b）对印度-中国区域的看法适用于汉语。

上述只讨论了 V1 的情况，V2 的情况也需要简单说明。和致使状态补语结构相比，兼语式的 V2 更多地采取及物动词，即使是不及物动词也较多地表达动作行为，很少表达静止的状态（可参李临定 1987）。

2.2.1.5　两种特殊的致使结构

本节简单说明两种特殊的致使结构："把"字句和致使重动句。

典型"把"字句都表致使（沈家煊 2002、叶向阳 2004 等），受使者出现在核心动词前，其前用"把"字标志。这可分为两类，一类表示客观致使，即客观情境中存在致使关系，如：

（34）他把杯子打碎了。

另一类是主观致使，如上述（2）。主观致使在此前的类型学研究中极少涉及，拥有表达主观致使的致使结构可以看作是汉语的一个特点。

由于"把"字句的谓语往往用致使动词、动结式、状态补语结构构成，它往往和由这些成分或结构构成的基础格式有变换关系。如：

（35）a. 你的话把他伤了。　　　　你的话伤了他。

　　　　b. 我把她气哭了。　　　　　我气哭了她。

　　　　c. 我把他气得直打哆嗦。　　我气得他直打哆嗦。

当然，并不是所有的"把"字句都可进行（34）这种变换。而现代汉语致使动趋式的情况则更特殊，只能构成"把"字句或话题句，因此不存在致使动趋式构成的一般主动宾句。

正因为其谓语本身往往就表示致使，所以有的学者对"把"字句这个构式自身是否表示致使表示怀疑。但也有很多学者认为"把"字句表示致使应该没有什么问题（如沈家煊 2002、叶向阳 2004 等）。从其构成来看，"把"这个成分就是专门标志受使者的；此外致使事件用"把"字句来表达非常自然，甚至可以说"把"字句是最适合表达致使事件的（沈家煊 2004）。最后，有一些非作格动词进入"把"字句之后表示致使：

（36）他把个媳妇也死了。

（37）怎么把个凤丫头也病了。

这类"把"字句与一般的词汇致使和分析性致使结构都不同，属于一种过渡类型。

至于"把"字句表达的致使事件和由上述致使结构表达的致使事件有什么区别，下一节再详述。

致使重动句。重动句是汉语的一种很有特点的结构，其基本结构是："NP1 + VP1 + VP2"，其中两个动词短语的核心动词一致。一部分重动句，其 VP2 是表致使的动结式或状态补语结构，这时整个句子构成表致使的结构。

（38）a. 他吃苹果吃坏了肚子。

　　　　b. 吃苹果吃得他上吐下泻。

这类结构存在的一个重要动因就是用 VP1 中的宾语位置来介绍难以用主语和宾语表达的致使事件中的相关角色，补充说明致使事件的背景信息（宋文辉 2007）。

2.2.2　汉语致使结构形式和意义的匹配：致使连续统

总的来看，现代汉语综合性致使，即词汇致使、形态致使和复合致使都表达直接致使，而诸种分析性致使表达间接致使。上古汉语的情况与此有一定差别。

现代汉语的词汇致使，受使者基本上都是无生名词，自身对其变化和运动无意愿性，无控制力。基本上可以看作是表达直接致使的结构，上述（19）-（21）可为证。而上古汉语的词汇致使，除了和现代汉语的一致的情况外，还有一些不同的情况，如上述（22），其受使者有一定控制力，不是典型的直接致使。如考虑这是一种形态致使，则古今汉语就没什么差别了。当然这个问题还有必要进一步探讨。

现代汉语的形态致使结构，形式方面，数量很少，能产性差，且很难找到一个规律来说明或预测哪些动词可以进行这种形态过程；意义方面，其受使者接近典型受事，缺乏意愿性和控制力，因此可以断定表达直接致使。上古汉语的情况有所不同，以（24）为例，受使者自身对其行为有一定控制力；并且上古汉语形态致使比较发达。可以认为上古汉语的形态致使表达的是间接致使。

现代汉语复合致使结构表达直接致使。其形式和意义都显示出使因和结果结合十分紧密：形式上表达使因事件和结果事件的谓词紧密复合在一起，句法上整体性很强；意义上，其表达的致使事件中两个次事件之间不存在时间间隔。此外其受使者接近典型受事，受动性较强，对其自身行为或变化缺乏意愿性和控制力。

有些学者认为，动结式和动趋式构成的一般主动宾句实际上是双小句结构，而不是简单的单小句结构，补语及其论元构成一个小句，是为小句补语说（如司马翎、沈阳 2006等）。如此说成立，则动结式分析性很强，应该和分析性致使结构一样倾向于表达间接致使，但实际情况却与此相反。

致使状态补语结构和动结式不同，更倾向于表达间接致使。其表现主要有三个方面：

第一，形式方面，受使者是主句核心动词的宾语，而表达结果事件的谓词在从句，两个谓词的距离较远。

第二，意义方面，其结果可预测性比动结式低，致使行为和结果的概念距离远（郭继懋、王红旗 2001），更重要的是，当受使者为人的时候，有些情况下，致使状态补语结构的受使者有一定控制力，如（24a），再如：

（39）老张的狐朋狗友们和他神吹了半天，说得他也有点儿想去挣快钱了。

受使者"他""想挣快钱"肯定是有意愿性的，自身对其未来的行为也有一定控制力。当然，还是存在受使者并无意愿性和控制力的情况。

（40）一拳打得那块玻璃碎成了无数块。

这类结构，形式上接近间接致使，但是在表达的致使的语义类型上却接近直接致使。这说明，致使状态补语结构是一个从直接致使向间接致使的过渡类。

第三，能产性方面，致使状态补语结构，与同一个核心动词组合来表达某类结果的补语，数量比较动结式要大得多，很多是临时即兴在线创作的结果，而动结式很多已经是高频的组配，规约性更强：

（41）动结式：

打碎

致使状态补语结构：

打得粉碎

打得粉粉碎

　　　　　　　打得碎成了八瓣儿
　　　　　　　打得碎成了米粒儿那么大的小块儿
　　　　　　　——

　　兼语式的情况虽复杂一些，但基本上都可以看作是表达间接致使的，并且比起致使状态补语结构更接近典型的间接致使。这是因为，无论 V1 是抽象的致使动词"使、叫、让"、"派、逼"这类含有词汇意义的致使动词还是表示监视或辅助性行为的动词，其受使者大都是人，并对自身行为具有一定控制力。与致使状态补语结构相比，致使行为都是影响力较小，致使者对受使者操纵程度较低的情况。而前者的有很多情况是身体行为或物理力量等强操纵行为。如：

　　（42）这一拳打得他满地找牙。
　　　　　　汽车撞得那座房子差一点儿倒掉。

　　就兼语句内部来看："使、让"为致使动词的兼语式，与其匹配的 VP2 的核心动词或形容词数量比较多，而能与"派、逼"结合的动词较少，即前者这类构式能产性更高（朱琳 2011），由此可推知其表达的致使事件更接近间接致使。就"使、让"类来看。"让"既可以表示致使，也可以表示允准，这类句子常常有歧义：

　　（43）我让他去了。

而"使"构成的兼语句没有这个问题。由此看来，和"使"相比，"让"是不太典型的抽象致使动词。

　　Shibatani & Pardeshi（2001）提出的社会性致使在汉语中并没有明显地作为一个类有独特的表现。以监控行为为例，"我看着他读书/我辅导他学习"与"派、逼"类没有实质区别。而至于辅助行为致使则情况比较复杂：

　　（44）我扶她上车。

此句有歧义：一个意思是"我"通过辅助性行为"扶"致使"她"上车，但是"我"并没有上，即致使者并未接入结果事件；另一个意思是，二者一起上了车。前者一般理解为致使没有问题，后一个理解接近伴随行为，在判定为致使与否上有争议，至少不能理解为比其他表示间接致使的结构更接近直接致使。

　　"把"字句的情况比较复杂，因为其谓语部分可以致使动词、致使动结式、动趋式、致使状态补语结构和部分兼语式。虽然如此，"把"字句整体还是有一个比较统一的特点。第一，比起其他结构单独构成的致使结构，受使者与句子核心动词的距离更近，受动性更强，显示出"完全影响效应"（张伯江 2000 等），如：

　　（45）他喝了酒 → 他把酒喝了。

"把"字句表示"酒喝完了"，相对应的一般主动宾句没有这种理解；第二，"把"字句移情焦点是"把"字宾语，因此整个句式的主观性更强（沈家煊 2002，宋文辉 2005）；第三，在说话者看来，"把"字句的致使者意愿性更强（宋文辉 2005）；第四，致使状态补语句和可以变换为把字句的兼语句，变换为"把"字句之后，表达致使行为的谓词和表达结果事件的谓词因为受使者移位而距离更为接近：

　　（46）打得他满地找牙——把他打得满地找牙。
　　　　　　派他到北京去工作——把他派到北京去工作

总之，"把"字句与其变换形式相比，其表达的致使事件更接近直接致使。

致使重动句也不是一个单纯的类，其和由动结式构成的一般主动宾句、致使状态补语结构的关系上面已有说明，不赘述。

总之，由上述分析可知，现代汉语的诸种致使结构与致使事件的类型的匹配规律如下：

（47）基本的规律：

直接致使

　　　　词汇致使
　　　　　形态致使
　　　　　复合致使
　　　　　致使状态补语结构
　　　　　V1 为"派、逼"和 V1 表示监控的兼语式
　　　　　V1 表示辅助性行为的兼语式
　　　　　V1 为"使、让"的兼语式

间接致使

（48）"把"字句和其变换形式的关系：

　　　　"把"字句表达的致使事件比其变换形式更接近直接致使。

3. 受使者所承担的语法关系

受使者承担的语法关系这个问题是既有研究中一个十分受重视的问题。这是因为致使结构的不同语言中致使者的语法地位差别不大，而受使者承担的语法关系的差别却比较大。由于语法关系的研究之中争议较多，为谨慎起见，我们在讨论前先做一些准备性说明，再展开相关研究成果的介绍和汉语的分析。

3.1　准备性的说明：语法关系的类型

所谓语法关系（grammatical relation）也叫语法功能（grammatical function）或语法角色（grammatical roles），即通常所谓主语、宾语这组概念，它们虽然属于句法层，但却是语言中联系句法和语义、语用的关节点，是用形态句法手段区分和配置语义角色和语用角色的语法装置。

由于语言类型多样，在说明某一语言中一个成分所承担的语法关系时，首先得明确该语言所属的语言类型。因为，语法关系是语言从话语语用因素占主导地位的阶段发展到形态句法手段占主导地位的阶段所出现的现象，它虽然是以语义语用为基础的，典型的主语就是施事和话题，典型的宾语就是受事和焦点（Keenan，1976），不过却往往具有其不可完全还原为语义和语用的方面。按照 Valin & LaPolla（1997）的看法，语法关系是语义、语用角色的受限的中立化的结果。下面以主语为例来做简单说明。所谓中立化，即主语既可以是话题，也可以是焦点，可以是施事，也可以是受事、工具等；所谓受限的中立化，主要指可作主语的语义角色的范围受一定限制，时间、处所等通常不能作主语，而汉语的"<u>这场火幸亏消防队来得早</u>"中的"这场火"这类根本不是小句核心动词语义角色的成分，就更不可能是主语了。有的语言没有语义角色的中立化，如 Acehnese 语，其核心动词的附缀标志与其有一致关系的名词性成分的属性，前缀标志施事的信息，后缀标志受事的信息。

有的语言，如汉语，虽然有语义角色的中立化，但是缺乏限制，如动词后的名词性成分的语义角色范围极大（比如"吃"）。语法关系的确定标准除了语义和语用因素的考虑之外，还要考虑形式特征。形式方面包括编码特征（主要是形态和句法位置）和操作标准（主要是句法操作）。在句法操作方面，汉语更多地受制于语用因素，而缺乏严格的句法制约性。这可以从提升结构和主句对从句的控制为例来做简单说明。

在英语中只有内嵌小句主语可以提升为主句的主语。

（49）a. Jack ᵢ seems＿＿ᵢ to be running into the park.

b. * Jack ᵢ seems the police to arrest＿＿ᵢ.

c. Jack ᵢ seems ＿＿ᵢ to be arrested by the police.（Van Valin & LaPolla 1997：262）

汉语限制则比较小，从句核心动词前后的名词短语都可以提升到主句核心动词之前：

（50）a. 好像李四买了车子

b. 李四好像买了车子

c. 车子好像李四买了

可见汉语的提升是话题化，即从句的成分提升为主句话题，不是受到严格限制的句法行为。

在主句对从句的控制方面，汉语和英语有如下对立（Van Valin & LaPolla 1997：260）

（51）a. the man; went downhill and pro; saw the little dog

b. the man; went downhill and pro; was saw by the little dog

c. *The man; went downhill and the little dog saw pro;

（52）a. 那个人 ᵢ 走到山底下，proᵢ 就看见了那只小狗。

b. 那个人 ᵢ 走到山底下，proᵢ 就被那只小狗看见了。

c. 那个人 ᵢ 走到山下，小狗就看见了 proᵢ。

即，英语句首名词控制的只能是从句的句首名词而不能是句尾名词，这种控制可以看作是句法的控制，是主语对从句主语的控制；而汉语的情况则只能看作是主句的话题对后续成分的控制。这说明，话题在汉语语法上占据统治地位，"主语"尚未完全形成。

因此，对于语法关系，比较客观中立的看法是，有的语言有语法关系，有的语言没有，即使有语法关系的语言之间，语法关系也不是完全一致的，语法关系并不是一个普遍的范畴（Van Valin & LaPolla 1997、Dryer 1997）。就有语法关系的语言而言，大致可以分为宾格语言（accusative languages）和作格语言（ergative languages）两类。如按照 Dixon（1972）以来的传统，将及物动词的施事标作 A，不及物动词的唯一论元标作 S，及物动词的受事标作 O，则两种语言的语义角色和语法关系的对应关系是：宾格语言，如英语，S—A 编码一致，授予主格，作主语；而 O 编码形式不同，授予宾格，作宾语；作格语言：如澳大利亚的 Dyirbal 语，S—O 编码方式一致，授予通格，A 编码方式与之不同，授予作格（Dixon 1994）。作格语言的语法关系是否适合用主、宾语这对源于宾格语言的术语来描写有一定争议，比较合理的看法是，将作格和通格看作是两种不同的语法关系，而不用主语、宾语来涵盖它们（Van Valin & LaPolla，1997；Palmer，1994 等）。

过去有的海外学者认为汉语接近作格语言，而吕叔湘（1987）则指出汉语没有形态格，并且非宾格动词（作格动词）很受限制，因此似乎汉语既不是作格语言，也不是宾格语言。另外，有的学者认为汉语本来就没有语法化了的主语和宾语（LaPolla，1993）。这就使得汉语致使结构受使者语法地位的讨论变得更困难了。

但如宽泛地认为汉语有一定程度语法化的主语和宾语，并考虑到存在与格位在功能上一致的句法行为模型的话，还是可以大致确定汉语在上述类型学图景上的地位的。Dixon（1994）提出，存在句法上的宾格和作格语言之分。其确定标准是，看哪个成分最为凸显，从而构成句法上起控制作用的支点（pivot）。宾格语言主语（S/A）是支点；而作格语言则不同，通格成分是支点（S/O）。支点的作用很多，其中最为突出的就是对后续成分的指称的控制。在这方面，汉语和英语一致，都是S/A作支点，即共指NP必须在每一个被后续小句的S/A功能上。

（53）a. Mother$_A$ saw father and $[\phi_S$ returned $]$.

　　　b. Mother$_S$ returned and $[\phi_A$ saw father $]$.

（54）a. 张三 $_A$ 看见了李四并且 $[\phi_S$ 回来了 $]$

　　　b. 张三 $_S$ 回来了并且 $[\phi_A$ 看见了李四 $]$

（53）、（54）说明并列小句的后句隐含主语S/A只能与主句主语S/A同指。作格语言正好相反。以Dyirbal语为例：

（55）ŋuma$_O$　　　　yabu-ŋgu$_A$　　　　bura-n　　　　$[\phi_S$ banaga-n^{y}u $]$

　　　爸爸＋通格　　　妈妈–作格　　　　看见–完成　　　回来–完成

　　　妈妈看见了爸爸并且他回来了。　　（Dixon，1994：162）

后句的隐含的S只能与主句中的通格成分O同指。

3.2　形态致使中受使者地位的两个重要分析模式

Comrie（1975）提出形态致使结构的受使者的语法地位可以在他和Keenan提出的可及性等级的基础上得到预测（Keenan & Comrie，1977）：

（56）可及性等级：

　　　主语 > 直接宾语 > 间接宾语 > 旁语（oblique）

所谓可及性等级，是一个不同语法关系进行某种语法操作的优先性的等级。以关系从句（即定语从句）的构造为例。其构造机制是，从小句中提取其中一个成分作名词短语的中心语，剩余的部分构成关系从句作定语，如"我买书——我买的书"。跨语言地来看，关系从句的构造优先选择提取主语，其次是直接宾语，再次是间接宾语，以此类推。即很多语言关系从句的构造有限制，所以跨语言地来看，即能够提取主语构成关系从句的语言最多，其余依此类推。

参照上一小节关于语法关系的介绍，保守地来看上述可及性等级只能在宾格语言之中起作用。并且这里的直接宾语和间接宾语的定义也比较传统，为稳妥起见现在最好从语义角度理解为客体（theme）宾语和接受者（recipient）宾语。这是因为双宾语的类型比较复杂，用直接宾语、间接宾语这套术语涵盖所有的情况，有简单化的倾向。关于双宾语的类型考察和定义，可参考Dryer（1986）、Palmer（1994）、Haspelmath（2005、2006）等，由于篇幅所限，不详述。

Comrie（1975）指出因为致使者总是最凸显的语义角色，所以总是最优先和主语匹配。受使者的语法地位与表达结果事件的谓词的配价有关，它在选择语法关系方面地位最低，只能承担结果事件谓词的其他配价成分承担的语法关系之外的最凸显的语法关系。如结果事件谓词为不及物动词，即形态致使化的动词是不及物动词，则其唯一的论元是受使者，受使者作整个形态致使结构的直接宾语；如及物动词形态致使化，则其受事优先作形态致使结构直接宾语，其施事即受使者作间接宾语；如三价动词形态致使化，则其施事即受使者只能作间接宾语以外的旁语成分。这个模式影响甚大，但是也有一些学者表示了异议。Song（1996、2001）认为真正符合此规则预测的语言，如土耳其语，数量极少。

鉴于上述模式的不足，后来的研究者试图提出新的概括更广的受使者语法地位的描写机制。Dixon（2000）运用其基于语义的语法理论来描写相关领域，这可以避免讨论语法关系时产生的诸种理论争论，当然这样仅仅是回避了问题，并未解决问题。如参照上述 3.1 对语法关系的说明，将其模式转换为宾格语言内部的语法关系系统，这样就可以和 Comrie（1975）的情况进行比较了。

他认为所谓致使化就是在原来的动词基础上加上一个致使者（Agent，简称 A）论元，原来的论元重新安排的过程。这样及物动词的致使化过程就有如下几种模式：

（57）模式　致使者　　原来的主语（受使者）　　　　　　原来的宾语

	致使者	原来的主语（受使者）	原来的宾语
i	A	特殊标记	O
ii	A	延续 A 标记	O
iii	A	O	O
iv	A	O	非核心配价
v	A	非核心配价	O

下面对其做一简单说明。所谓"特殊标记"，就是不采用一般的宾语、旁语的标记形式，而用一个特殊的方式来标记受使者，比如汉语"把"字句的"把"就可以看作是一个受使者的特殊标记成分；所谓"非核心配价"是和"核心配价"相对而言的配价成分。核心配价成分即作句子的主语和直接宾语的配价成分；所谓"延续 A 标记"即继续使用和 A 一样的标记方式。很显然上述模式中的 i-iv 的情况是 Comrie（1975）的模式未能预测到的。

不及物动词的致使化过程中，受使者的标记形式也可分与直接宾语一致和不一致两类。如日语不及物动词致使化之后，其原来的主语可以是宾格宾语，也可以是与格宾语；而匈牙利语不及物动词原来的主语，一部分可以做宾格宾语表示致使者的动作行为是直接的，一部分作工具格宾语，表示致使者的行为是间接的。这也是 Comrie（1975）的模式未能预测的情况。

3.3　对分析性致使的分析

Dixon（2000）对分析性致使的受使者的语法地位也作了较为全面的描写。随主句和从句整合程度的不同，受使者有如下三种典型情况：

a）受致使者在从句中，保持原来的功能。如巴西的 Macushi 语，如例（58），致使者 makui（撒旦）标作格，而受使者 Jesus 处于从句之中，也标作格，执行 A 的功能。这说明这类致使构式两小句的结合还很松散。

（58）[imakui ˈp î　kupîJesus-ya]　emapuˈtî　yonpa-ˈpî　makui-ya　teuren
　　　坏-过去　　　做　耶稣-作格　致使　　努力-过去时　撒旦-作格　将来时
　　　撒旦未能成功地使耶稣做坏事。（Dixon 2000：36）

b）受使者在从句中，但是在主句中也出现并被授予宾格。如巴西的 Canela-Kraho 语。

这说明两个小句进一步融合了。

（59）Capi te　　　　　［i-jōt　　　　　　　　na］　　　i-to

　　　　Capi 过去时　第一人称 S- 睡觉　从属标记　第一人称单数 O- 致使

　　　　Capi 使我睡着了。

这里的从句有从句标记，i- 是动词的第一人称代词性前缀，它出现了两次，标志及物动词句中的 O 和不及物动词句的 S。

　　　c）英语，受使者却被编码为宾格，成了致使动词的宾语。主句和从句的融合程度更高了。

（60）I force him to go.

这三种受使者地位不同，英语在主句中确定其功能，Macushi 在从句中，Canela-Kraho 在主句和从句中都确定其功能。

3.4　汉语的情况

3.4.1　综合性致使

我们先来从形态致使的角度分析汉语现象与上述两种模式的关系。然后将上述模式扩展到所有汉语非分析式即综合式致使结构的分析上，看看结果如何。

汉语形态致使的情况。综合上述所举古今汉语的例子，汉语形态致使结构基本符合 Comrie（1975）的预测。

（61）a. 水凉了。

　　　　b. 凉点儿水。

（62）秋九月，晋侯饮赵盾酒。（《左传·宣公三年》）

（61b）受使者"水"作为"凉"的唯一论元，作直接宾语；而（62）则是一个致使性的双宾结构，受使者"赵盾"作间接宾语。

与 Dixon 的分析模式比较。不及物动词致使化的表现基本一致，而及物动词致使化的表现与其 v 这个模型一致，受使者做间接宾语。

下面将上述分析模式扩展到汉语各种综合性致使结构的分析上。

就词汇致使而言，词汇致使基本上都是本来就是及物的致使动词，或是不及物动词和形容词的致使化，因此其受使者都和宾语表现形式一致。

复合致使的情况。复合致使虽然不存在致使化过程，但是却存在其组成成分的论元结构整合的过程，汉语这方面的研究成果比较丰富，经典文献包括郭锐（1995）、袁毓林（2001）、Cheng & Huang（1995）等，近年来施春宏（2008）、宋文辉（2007）等也在这方面做了一些工作。如从动结式和动趋式的述语和补语各自的论元结构出发，大致存在下列规律：

动结式。单及物动结式，受使者，也就是结果事件谓词——补语的唯一论元，提升为动结式的宾语。如：

（63）他打杯子-杯子碎了 ——→ 他打碎了杯子。

双及物动结式，受使者，也即补语的施事论元作间接宾语，而补语动的受事作动结式的直接宾语。如：

（64）我教他数学—他会数学 ——→ 我教会了他数学。

动趋式。双及物的动趋式表达致使运动事件，其受使者（趋向补语的施事）一般出现在"把"字宾语位置，而补语的处所宾语，或者因为语境预设而隐含，或者仍留在动趋式之后，做处所宾语。

（65）a. 我把他送进去了。

　　　　b. 我把他送进了医院。

可见其受使者的表达形式与动结式不同，这是由于动趋式的构造和处所宾语的安排导致的。

总之，将形态致使的受使者承担语法关系的模式扩展到所有综合性致使结构上的话，则汉语词汇致使、形态致使结构和动结式的表现与 Comrie（1975）、Dixon（2000）的分析基本一致。致使动趋式由于要构成"把"字句或话题句才合法，所以与上述两种模式都不一样，属于特殊情况。

3.4.2　分析性致使

致使状态补语结构，如：

（66）走得他累极了。

按照朱德熙（1982）的看法，受使者是宾语，属于述补结构内部带宾语。Huang，Li &Li ed.（2009：86）将"得"看作动词词缀，受使者是主句动词"V 得"的宾语，补语构成一个从句，很多生成语法研究者都同意这个看法（如邓思颖 2010、何元建 2011 等）。后一种看法似乎更好解释该结构的组合方式。

此外，还需关注该结构中受使者的一个重要特征：受使者往往是定指名词短语，而不能是不定指名词短语。

（67）a. 打得他 / 那个人抱头鼠窜。

　　　　b. * 打得一个人抱头鼠窜。

这可能和该结构的主观性特点有关。状态补语结构和动结式的补语虽都表示结果，但动结式的表达比较客观，而状态补语结构往往有夸张和铺陈的色彩，形式比较复杂，并且经常用情态副词或其他形式来表达主观的情感：

（68）别再说了，你看，说得孩子都快哭了。

　　　　打得他呀，哎哟！那叫一个惨。

这种情感色彩非常有利于表达说话人对受使者的移情。由于移情对象一般只能是定指的（Kuno 1987、沈家煊 2002），所以造成（67）的对立。这种移情的表现和"把"字句很接近（可参沈家煊（2002）对"把"字句的分析）。

这一指称特点和宾语的常规不同，宾语一般往往是不定指名词短语（陈平 1987）。这使得致使状态补语结构往往很容易变换为"把"字句和话题句：

（69）不能弄得人家太难堪，将来还要做朋友。

　　　　一身克服不了得毛病，拖累得国家都落后。

（70）话题句

　　　　牛大姐气得浑身哆嗦。

　　　　戈玲脸气得煞白。

（71）"把"字句

　　　　我们宁肯把刊物印得漂亮点，干净点，少登些乱七八糟的广告。

　　　　常把于德利盯得整整一天不敢抬头。

再来看兼语句的情况。兼语表达受使者。按照传统的分析，兼语兼作前一个谓词性成分的宾语和后一个谓词性宾语的主语。这种看法显然有问题，因为一个名词只能承担一个语法关系是语言构造的常例。朱德熙（1982）指出，所谓兼语其实是主句动词的宾语，只是兼做主句动词的受事和从句动词的施事。生成语法研究者一般认为兼语是主句宾语，之所以会出现兼语的理解，是因为其后的从句的隐含主语与主句宾语同指（Huang，1982；Li，Y-H，A. 1990；Li Yafei，2005 等）。不过宋文辉（2010）发现，实际情况远比这复杂——兼语显然不是典型的宾语，也不可能是从句的主语，是一种与典型的主宾语不同的非典型的语法关系，这是主句和从句整合的过程中产生的过渡性的特殊的语法关系。其表现包括：一，上古汉语宾格代词"之"作兼语逐渐被原来是从句主语的"其"代替（王力1980），从而具有了兼具主句宾语的受动性（受使者的特征）和从句主语的形式的特殊的语法关系：

（72）取瑟而歌，<u>使之闻之</u>。（《论语·阳货》）

燕、赵果俱辅中山而<u>使其王</u>，事遂定。（《战国策》卷三十三）

二，兼语成分的指称多用定指或无指较少使用不定指，经过对北京大学中国语言学研究中心的在线语料库 CCL 中"派"和"逼"构成的兼语句各随机抽取 1 000 例作了统计，结果如下：

（73） 指称类型：	定指	无指	不定指	遍指	虚指
"派"为 V1 的兼语句：	317	551	132	0	0
"逼"为 V1 的兼语句：	823	145	11	4	17

这可能是信息分布上定指成分在前，不定指成分在后的一般原则导致的。但是否同时也显示了该结构主句和从句的整合程度提升，还有必要进一步讨论。

3.4.3 特殊的致使结构

因为致使重动句的受使者和上述复合致使和致使状态补语结构没有什么实质的区别，所以本小节主要说明"把"字句的情况。

"把"字句的一个特点就是以"把"来标志受使者，这相当于给受使者以特殊标记。这个特征对于不同类型的谓语来说意义有所不同。

先来看谓语动词原本不是致使动词的情况。这类动词进入"把"字句之后，受构式整体的影响而被上加了致使义，如上述（34）、（35）。这类"把"字句属于一种词汇致使和分析性致使之间的过渡类型。这里受使者得到特殊标记，而谓语核心动词的受事处于宾语的位置，标记上与宾语一致。如按照 Dixon（2000）的受使者标记方式的模式，属于 i 型。

再来看综合性致使结构作"把"字句谓语的情况。词汇致使、形态致使（现代汉语不存在及物动词形态致使化的形式）和复合致使的受使者原本都符合 Comrie（1975）和 Dixon（2000）的模式，但是"把"字句给这类致使结构的受使者提供了一种特殊的标记方式。这种情况不能纳入上述受使者语法地位的分析模式。

对于分析性致使而言，其"把"字句的变换形式不仅使得受使者获得了特殊的标志，而且使得致使动词和表达结果事件的谓词的距离缩小了，相当于给主句和从句的进一步整合提供了条件。

4. 致使化等级

4.1 致使化等级的研究

致使化有两类：动词零形式致使化，可称为词汇致使化；动词经形态过程致使化可称为形态致使化。

一般认为动词词汇致使化的等级是（Shibatani，2001：7；Lehmann 2005：9）：

（74）及物动词 > 非作格动词 > 非宾格动词

即这个等级上位置越高的动词越不容易词汇致使化，而越容易形态致使化。不同语言的切断点可能会有所不同。

Shibatani（2001：7—8）、Lehmann（2005：8—9）认为，上述等级反映了不同动词致使化的难度等级。即及物动词致使化要难于不及物动词，而不及物动词内部，非作格动词致使化要难于非宾格动词。越难于致使化，则越容易采取有标记的方式致使化。

Shibatani and Pardeshi（2001）指出，上述等级太粗糙，动词的类别还需细分。他们注意到，南亚语言学的研究中注意到一种"摄入 ingestives"动词，表达将物质摄入身体，或者将信息摄入心智。主要包括表达 EAT，DRINK，LEARN，SMELL，LICK 等概念的动词。这类动词既可以像非宾格动词一样构成综合性致使，也可以像非作格动词和及物动词一样构成分析性致使，这显示其具有双重属性，属于过渡类。与此类似，反身和中间动词（reflexive verbs；middle verbs）也表现出双重性，这一类既有不及物动词，如表达 SIT，STAND UP 等概念的动词，也包括及物动词，如表达 DRESS ONESELF，SHAVE ONESELF 等概念的动词（中间动词可参 Kemmer 1988）。

这样经过调整，就得到如下更为复杂的致使化等级：

（75）及物动词 > 非作格动词 > 摄入动词 / 中间动词 > 非宾格动词

Haspelmath（2008）对相关文献做了新的综合。不过他并未将 Shibatani and Pardeshi（2001）所提出的摄入动词、中间动词纳入其等级中，而是对非宾格动词进行了细分，提出了下列等级：

（76）不同类动词之间：双及物 > 单及物 > 非作格 > 非宾格

非宾格内部：freeze 类 > break 类 > be cut 类【注释：他分别叫做 automatic、costly 和 agentful，这些命名都很不直观，特别是 costly 的命名更令人费解，故改用其文中对这两类对此的另一种更为直观的称呼——freeze-type 和 break-type 和 be cut。】：

他对这个等级的解释植根于其对相关事件的认知组织的认识。就一个事件自身的概念结构词汇化的模式来看。Haspelmath（1993）指出，越是容易理解为自身包含导致结果发生的外力的事件，越容易被词汇化为及物动词；而越是容易被理解为自身不包含外力而自行发生的事件，越容易词汇化为不及物动词。这个等级有两个极端：一个极端是包含特别明显的外因的事件，这类情况跨语言地来看总是词汇化为及物动词，且不容易去及物化获得不及物用法，如 hitting；而另一个极端是极其不易理解为外力所致的行为，如 laughing，词汇化为非作格不及物动词，很难词汇致使化。在二者之间存在一个过渡，词汇化为及物动词和不及物动词的几率都低于极端情况，并且更容易在及物和不及物之间发生变换：

breaking，closing，opening，splitting 等事件被理解为包含一个外力，因此它们更容易被词汇化为致使动词，但这类动词可以经历反致使派生形成非宾格动词，按 Haspelmath（2008）的看法，这类非宾格动词表达致使事件的几率较高；自发性的事件（spontaneous events），即（74）中的 freeze 类，其外因不容易观察到，如英语的 freeze、dry、sink、boil，词汇化为不及物动词的几率高于 break 类，词汇化为及物动词的几率低于 break 类，Haspelmath（2008）指出其表达致使事件的几率低于 break 类。"be cut"这一类，Haspelmath（1993）未提到。由 Haspelmath（2008）的分析可推出，cut 这类动词指向施事的特征更明显，即比起 break 类更明显地包含一个外力，如这类动词可以去及物化形成非宾格不及物动词，则这类非宾格动词致使化表达致使事件的几率更高。

Haspelmath（2008）指出，表达致使事件的几率越高，则：

（77）（i）更容易采用综合形式（即词汇致使或者形态致使）

（ii）更容易采取较短的形式（即形态致使化采用较简单的形式手段）

（iii）更容易采用零形式（即构成词汇致使结构）

4.2 汉语的情况

4.2.1 动词的致使化

汉语非宾格动词可较为自由地构成词汇致使结构；而非作格动词则非常困难，极少数的情况，如现代汉语的"跑"或古汉语的"走"，可以构成词汇致使识结构，可以视为特例；及物动词根本不能构成词汇致使结构。可见汉语在这个等级上的切断点看以判定为在非宾格动词上。而汉语的摄入动词和中间动词结果义不明显，其构成的一般主动宾句很难被理解为表达了致使事件，因为可以说：

（78）我们吃了饭，可是没吃完。 摄入动词

他梳了头，但是没梳好。 中间动词

这和非宾格动词形成对立：

（79）* 我们沉了那艘船，但是那艘船没有沉。

这使得（75）的等级的普遍性受到了质疑。不过却符合（74）和（76）的分析。

4.2.2 形容词的致使化

汉语的形容词可以零形式致使化。这和汉语形态不丰富有关，也和汉语形容词的类型特征有关。按照 Dixon（1977、2004）的研究，一个概念在不同的语言中词汇化为形容词的可能性不同，即使词汇化为形容词，有的语言的形容词更接近名词，如英语，形容词作谓语和名词作谓语都需要系词的支持，而在有的语言之中，形容词更接近动词。很多汉语研究者认为汉语性质形容词接近动词，而不是名词。如形容词可以带时体标记，表示变化（张国宪 2006），大约 72% 的性质形容词可以带"了"或者"着"和"过"，99.47% 的形容词可以作谓语（郭锐 2002）。由于性质形容词不是表示行为而是表示静止的状态，所以更接近消极动词（非宾格动词）。这可能是除了汉语形态不丰富的原因之外，使得汉语形容词可以采用词汇致使化的一个重要原因。

4.2.3 动结式的致使化和致使者的原型范畴

动结式作为一种句法复合词其致使化和动词致使化的规律基本一致，总的来看，也是不及物动结式可以词汇致使化，及物动结式不可。对于何种不及物动结式可以致使化，传

统的看法是，补语或者动词可致使化的不及物动结式就可以致使化（任鹰 2001）。宋文辉（2006）发现这个看法并不十分合理，因为存在动词和补语都不能致使化，而动结式却可以致使化的情况：

（80）a. 观众听戏听迷糊了。　　　　这场戏听迷糊了一大半观众。

　　　　b. 小龙排练太多练病了。　　　　无休止的排练练病了小龙。

　　　　c. 老李看文章看怒了。　　　　那篇文章看怒了老李。

这个现象说明，动结式的整体性很强，不能仅仅从其组成部分的属性来完全预测其整体的属性。另外，这个现象也说明，不及物动结式的致使化不仅仅是句法语义因素在起作用。

　　　很多学者走了和传统思路不同的一条路——用致使者的合格条件来代替组成成分能否致使化这个条件。其判断标准，不同学派有不同看法。

　　　形式学派比较重视致使者和动结式的动词或补语的语义关系。如 Li Yafei（1995）将致使者和受使者看作致使层次的角色，而施事、受事是题元角色。致使者的等级高于受使者。等级高的致使者指派给主语，等级低的受使者指派给宾语。致使者的指派需满足一定条件：

（81）a. 只有主语不从补语接受题元时，才能接受动结式的致使者角色。

　　　　b. 当使役角色指派与题元指派两者发生矛盾时以前者为准，即使役角色的指派优先。

这个理论的确可以解释很多相关现象，但也存在一些问题，如，有些动结式可以致使化，但是其致使者却并不是动结式动词或者补语的题元角色。

（82）a. 他高兴坏了。

　　　　b. 那件事把他高兴坏了。

"那件事"既没有从动词"高兴"获得题元角色，也不是补语"坏"的题元角色，而且也不是从使动化之后的动词或者补语获得题元角色，因为不能说：

（83）a. * 那件事高兴人。

　　　　b. * 那件事坏人。

这类情况，后来的生成语法研究者认为是抽象的轻动词或功能核心赋予了其致使者的语义角色（如王玲玲、何元建 2002、熊仲儒 2004 等）。但是这类研究往往只分析了相关现象的句法结构，而对其致使者的语义限制条件有所忽视。

　　　施春宏（2008：169）则与上述取向有所不同，他更为重视致使者的语义语用属性，他认为致使者构成一个原型范畴，其核心特征是：

（84）规约性：规约性程度高的使因 ＞ 规约性程度低的使因

　　　　具体性：具体化程度高的使因 ＞ 具体性程度低的使因

　　　　直接性：直接性程度高的使因 ＞ 直接性程度低的使因

这些特征制约着动词或补语的题元提升为动结式致使者的可能性。

　　　从功能角度研究这个问题，则除了关注致使者的典型性及其制约条件之外，还关注相关事件的理想的认知模型。在借鉴了 Malle（2000）对致使事件的分析的基础上，宋文辉（2006）提出了如下不及物动结式致使化的制约条件：

（85）a. 致使者与受使者有密切联系；

　　　　b. 致使者对受使者有明显的、较大的影响；

　　　　c. 致使者的影响力能够自然实施。

上述前两个方面构成致使者的原型范畴，第三个方面与各类具体的致使事件的理想的认知模式有关。致使者的原型受到与之相关的一组认知语义条件的限制。如就致使者和受使者的关系密切程度而言，客观的时空距离、使因的可观察程度、致使者和受试者联系的具体性程度等是最常见的制约因素；而就影响力的大小而言，使因的规约性程度、影响是有利的还是有害的等等是常见的制约因素。

　　基于（85），不及物动结式致使化之后表达致使事件的表达形式，形成如下等级：

　　（86）一般主动宾句＞"把"字句＞兼语式

即，致使者越典型，则越容易采取一般主动宾句来表达，而致使者越不典型，则越适合用兼语式来表达。如：

　　（87）a. 一瓶酒就喝醉了校长。

　　　　　b. * 一瓶酒就使校长喝醉了。【注：有人提出"一瓶酒就让校长喝醉了"合法，我们发现，这个语感判断似乎有问题。有认为将"使"改为"把"句子就合法了，这个看法是正确的，但是将"把"和"使"看成功能相同的成分则成问题。典型的"把"字句往往表达较强的致使，而典型的"使"字句则表示较弱的致使。】

　　此外，上述后两种研究的结果，对判定动词构成的综合性致使结构的致使者的合格与否也有一定借鉴价值。

结　语

　　由于篇幅所限，本文仅能简要综述致使结构类型学研究中最基本的问题。相关的研究还有很多，这里只简单列出两个最重要的问题。

　　一是反致使化（anticausativization）。与致使化相关，存在一个相反的反致使化过程，即 break 这类及物致使动词如何去及物化的过程。这方面的研究文献极其丰富，无论是功能类型学还是形式语法理论都十分重视。

　　二是历时类型学研究。和表达致使的助动词和语法标记的形成相关的历史发展过程及其类型分布的研究。既有研究往往是从小句整合或者连动句的发展的角度来说明相关现象的具体的演变机制。近年来，研究者也往往采用语义地图的分析方法来分析相关的多功能语素的演变轨迹，并作类型比较。

参考文献

陈平. 释汉语中与名词性成分相关的四组概念［J］. 中国语文，1987（2）.

邓思颖. 形式汉语句法学［M］. 上海：上海教育出版社，2010.

董秀芳. 从词汇化的角度看粘合式动补结构的性质［J］. 语言科学，2007（1）.

郭锐. 述结式的配价结构与成分的整合［C］// 沈阳，郑定欧（主编）. 现代汉语配价语法研究. 北京：北京大学出版社，1995.

郭锐. 现代汉语词类研究［M］. 北京：商务印书馆，2002.

郭继懋，王红旗. 粘合补语和组合补语表达差异的认知分析［J］. 世界汉语教学，2001（2）.

何元建. 现代汉语生成语法［M］. 北京：北京大学出版社，2011.

洪波. 使动形态的消亡与动结式的语法化［C］// 吴福祥，洪波（主编）. 语法化与语法研究. 北京：商务印书馆，2003.

蒋绍愚. 内动、外动和使动［C］// 北京大学中文系《语言学论丛》编委会. 语言学论丛：第二十三辑. 北京：商务印书馆，2001.

金理新. 上古汉语形态研究［M］. 合肥：黄山书社，2006.

李临定. 现代汉语句型［M］. 北京：商务印书馆，1987.

吕叔湘. 说"胜"和"败"［J］. 中国语文，1987（1）.

梅祖麟. 从汉代的"动、杀""动、死"来看动补结构的发展［C］// 北京大学中文系《语言学论丛》编委会. 语言学论丛：第十六辑. 北京：商务印书馆，1991.

牛顺心. 汉语中致使范畴的结构类型研究［D］. 上海：上海师范大学博士学位论文，2004.

潘悟云. 上古汉语使动词的屈折形式［J］. 温州师院学报，1991（2）.

任鹰. 主宾可换位动结式述语结构分析［J］. 中国语文，2001（4）.

沙加尔. 上古汉语词根［M］. 龚群虎译. 上海：上海教育出版社，2004.

沈家煊. 如何处置处置式［J］. 中国语文，2002（5）.

沈家煊. 动结式"追累"的句法和语义［J］. 语言科学，2004（6）.

施春宏. 汉语动结式的句法语义研究［M］. 北京：北京语言大学出版社，2008.

司马翎，沈阳. 结果补语小句分析和小句的内部结构［J］. 华中科技大学学报·社会科学版，2006（4）.

宋文辉. 主观性与施事的意愿性强度［J］. 中国语文，2005（6）.

宋文辉. 自动动结式的使动化［C］// 中国语文杂志社. 语法研究和探索：第十三辑. 北京：商务印书馆，2006.

宋文辉. 现代汉语动结式的认知研究［M］. 北京：北京大学出版社，2007.

宋文辉. 兼语句的小句整合程度和兼语的性质［C］// 中国语文杂志社. 语法研究和探索：第十五辑. 北京：商务印书馆，2010.

宋文辉. 再论汉语所谓"倒置动结式"的性质和特征［J］. 外国语，2018（5）.

宋亚云. 汉语作格动词的历史演变及相关问题研究［D］. 北京：北京大学博士学位论文，2005.

孙玉文. 汉语变调构词研究［M］. 北京：北京大学出版社，2000.

唐翠菊. 现代汉语重动句的分类［J］. 世界汉语教学，2001（1）.

徐枢. 宾语和补语［M］. 哈尔滨：黑龙江人民出版社，1985.

徐通锵. 语言论［M］. 长春：东北师范大学出版社，1995.

宛新政. 现代汉语致使句研究［M］. 杭州：浙江大学出版社，2005.

王力. 汉语史稿［M］. 北京：中华书局，1980.

王力. 同源字典［M］. 北京：商务印书馆，1982.

王玲玲，何元建. 汉语动结结构［M］. 杭州：浙江教育出版社，2002.

魏培泉. 说中古汉语的使成结构［C］// "中研院"历史语言研究所. "中研院"历史语言研究所集刊：第七十一本第四分，2000.

叶向阳. "把"字句的致使性解释［J］. 世界汉语教学，2004（2）.

袁毓林. 述结式配价的控制——还原分析［J］. 中国语文，2001（5）.

熊仲儒. 现代汉语中的致使句式［M］. 合肥：安徽大学出版社，2004.

张伯江. 论 "把" 字句的句式义 [J]. 语言研究，2000（1）.

张国宪. 现代汉语形容词功能与认知研究 [M]. 北京：商务印书馆，2006.

周红. 现代汉语致使范畴研究 [M]. 上海：复旦大学出版社，2005.

周祖谟. 四声别义释例 [C] // 周祖谟. 问学集. 北京：中华书局，1966.

周祖谟. 古音有无上去二声辩 [C] // 周祖谟. 问学集. 北京：中华书局，1966.

朱德熙. 语法讲义 [M]. 北京：商务印书馆，1982.

朱德熙. 语法答问 [M]. 北京：商务印书馆，1985.

朱琳. 汉语使役现象的类型学和历时认知研究 [M]. 上海：学林出版社，2011.

Alsina, A. *et al.* 1997 Complex Predicates：structure and theory. in Alsina, A., J. Bresnan, P. Sells. Eds. *Complex Predicates*. CSLI Publications.

Alexiadou, A. et al 2006 The properties of anticausatives crosslinguistically, in Frascarelli, M. ed. *Phases of Interpretation*, Berlin：Walter de Gruyter.

Anderson, G. 2006 *Auxiliary Verb Constructions*. Oxford：Oxford University Press.

Cheng, L. & J. Huang 1995 On the argument structure of resultative compounds. In Chen, M. & O. Tzeng eds. *In Honor of William Wang：Interdisciplinary Studies on Language and Language Change*. Taipei：Pyramid Press. pp.187—222.

Comrie, B. 1975 Causatives and universal grammar. *Transactions of the Philological Society* 1974：1—32.

Comrie, B. 1976 The syntax of causative constructions：cross-language similarities and divergences. In Shibatani, M. ed.1976a, pp.261—312.

Comrie, B. 1985 causative verb formation and the other verb-deriving morphology. In Shopen, T. ed. 1985 *Language Typology and Syntactic Description*. 1st edition. Vol.3：309—348.

Comrie, B. 1989 *Language Universals and Linguistic Typology*, 2nd edn. Oxford：Blackwell.

Comrie, B. & M. Polinsky eds. 1993 *Causatives and Transitivity*. Amsterdam：John Benjamins Publishing Company.

Croft, W. 2001 *Radical Construction Grammar*. Cambridge：Cambridge University Press.

Davison, D. 1963 Actions, reasons, and causes. *Journal of Philosophy* 60. also in Davison, D. 2001 *Essays on Actions and Events*. 2nd edition Oxford：Clarendon Press.

Dixon, R.M.W. 1972 *The Dyirbal language of North Queensland*. Cambridge：University Press.

Dixon, R.M.W. 1977 Where have all the adjectives gone? *Studies in language*. 1.19—80.

Dixon, R.M.W. 1994 *Ergativity*. Cambridge：Cambridge University Press.

Dixon, R.M.W. 2000 A typology of causative：form, syntax and meaning. In R. M. W. Dixon and A. Aikehenvald eds. *Changing Valency：Case Studies in Transitivity*. Cambridge：Cambridge University Press.

Aikehenvald eds. 2004 Adjective Classes in typological perspective. In Dixon, R. M. W. &A.Y. Aikhenvald eds. 2004 *Adjective Classes：A Cross-Linguistic Typology*. Oxford：Oxford University Press.

Dryer, M. 1986 Primary object, secondary object, and antidative. *Language*：Vol.62：808—845.

Dryer, M. 1997 Are grammatical relations universal? In Bybee, J., J. Haiman & S. A. Thompson eds. *Essays on Language Function and Language Form*. Amsterdam and Philadelphia：John Benjamins Publishing Company. pp.115—144.

Dryer, M. 2006　Clause types. In Shopen, T. eds. *Language type and syntactic description*. 2nd edition. Vol.1 Cambridge University Press.

Foley, W. 1991　*The Yimas Language of New Guinea*. Stanford: Stanford University Press.

Gao, H. 1998　*The Physical Foundation of the Patterning Physical Action Verbs*. Lund University Press.

Givón, T. 1984　*Syntax: A Functional-typological Introduction* Vol.1, Amsterdam/Philadelphia: John Benjamins Publishing Company.

Givón, T. 2009　*The Genesis of Syntactic Complexity: Diachrony, ontogeny, neuro-cognition, evolution*. Amsterdam / Philadelphia: John Benjamins Publishing Company.

Haiman, J. 1983　Iconic and Economic Motivation. *Language*, Vol.59, No.4. pp.781—819.

Haiman, J. 1985　*Natural Syntax: Iconicity and Erosion*. Cambridge: Cambridge University Press.

Haspelmath, M. 1987　*Transitivity alternations of the anticausative type*. (Arbeitspapiere, N.F., No. 4) Cologne: Institut für Sprachwissenschaft der Universität zu Köln.

Haspelmath, M. 1993　More on the typology of inchoative/causative verb alternations. In B. Comrie and M. Polinsky ed. *Causatives and Transitivity*. Amsterdam: John Benjamins.87—111.

Haspelmath, M. 2005　Ditransitive Constructions: The Verb 'Give'. In: Haspelmath, M. & M. S. Dryer & D. Gil & B. Comrie eds. 2005, pp.426—29.

Haspelmath, M. 2006　Ditransitive Constructions in the World's Languages. MS. Leipzig Spring School on Linguistic Diversity, March 2006.

Haspelmath, M. 2008　*Syntactic Universals and Usage Frequency*. Chapter 4: Causatives and anticausatives. Handout of the course. Leipzig Spring School on Linguistic Diversity, March 2008.

Haspelmath, M., M. S. Dryer & D. Gil & B. Comrie eds. 2005　*The World Atlas of Language Structures*. Oxford: Oxford University Press.

Heine, B. & T. Kuteva 2002　*World Lexicon of Grammaticalization*. Cambridge: Cambridge University Press.

Hopper, P. & S. A. Thompson. 1980　Transitivity in grammar and discourse. *Language* Vol.58 No.2: 251—99.

Huang, C.-T. J. 1982　*Logical relation in Chinese and the theory of grammar*. Ph.D dissertation MIT.

Huang, C.-T. J., A. Li &Y. Li eds. 2009　*The Syntax of Chinese*. Cambridge: Cambridge University Press.

Keenan, E. 1976　Towards a Universal Definition of 'Subject of', in Li, C. eds. 1976 *Subject and Topic*. New York: Academic Press.

Keenan, E. and B. Comrie 1977　NP accessibility and universal grammar. *Linguistic Inquiry* vol. 8: 63—99

Kemmer, S. 1988　*The Middle Voice*. Amsterdam: John Benjamins.

Kuno, S. 1987　*Functional Syntax*. Chicago and London: The University of Chicago Press.

LaPolla, R. J. 1993　Arguments against 'subject' and 'direct object' as viable concepts in Chinese. *Bulletin of the Institute of History and Philology* 63: 759—813.

Lehmann, C. 2005　Latin causativization in typological perspective. Presented at 13ème Colloque International de Linguistique Latine, Bruxelles, 4—8 avril, 2005. (Available from author's website)

Levin, B. & M. Rappaport Hovav 1995　*Unaccusativity: At the Syntax-Lexical Semantics Interface*. Cambridge, MA: MIT Press.

Li, C. & A. Thompson 1976　Subject and Topic: A New Typology of Language. In Li & Thompson eds. *Subject and Topic*, New York: Academic Press.

Li，C. & S. Thompson. 1981　*Mandarin Chinese：A Functional Reference Grammar*. University of California Press.

Li Yafei. 1995　The Thematic hierarchy and causativity. *Natural Language and Linguistics Theory* 13. 2：255—282.

2005　*X⁰：A Theory of the Morphology-Syntax Interface*. Cambridge，MA：The MIT Press.

Li，Yen-Hui Audrey 1990. *Order and Constituency in Mandarin Chinese*. Dordrecht：Kluwer Academic Press.

Malle，B. 2001　Verbs of interpersonal causality and the folk theory of mind and behavior. In Shibatani，M. eds. *The grammar of causation and interpersonal manipulation*. Amsterdam / Philadelphi：John Benjamins Publishing Company.

Masica，C. 1976　*Defining a linguistic area：south Asia*. Chicago：University of Chicago Press.

Næss，Å. 2007 *Prototypical Transitivity*. Amsterdam / Philadelphia：John Benjamins Publishing Company.

Nedyalkov，V. P. & G. G. Silnitsky 1973　The typology of morphological and lexical causative. In Kiefer，F. ed. *Trends in Soviet Theoretical Linguistics*. Dordrecht：D. Reidel Publishing Co. pp.1—32.

Palmer，F. 1994　*Grammatical roles and relations*. Cambridge：Cambridge University Press.

Shibatani，M. 1973　*A Grammatical Study of Causative Constructions*. Ph. D. Dissertation. University of California，Berkeley.

Shibatani，M. ed. 1976a　*The Grammar of Causative Constructions*. New York：Academic Press.

Shibatani，M. 1976b　The grammar of causative constructions：a conspectus. In Shibatani，M. ed. 1976. pp.1—42.

Shibatani，M. 2001　Introduction：Some basic issues in the grammar of causation. In Shibatani M. ed. *The grammar of causation and interpersonal manipulation*. Amsterdam/Philadelphia：John Benjamins Publishing Company. pp.1—22.

Shibatani，M. and P. Pardeshi 2001　The causative continuum. In Shibatani，M. ed. *The grammar of causation and interpersonal manipulation*. Amsterdam/ Philadelphia：John Benjamins Publishing Company. pp.85—126

Song，J. 1996　*Causatives and Causation*. London：Addison Wesley Longman Limited.

Song，J. 2001　*Linguistic Typology：Morphology and Syntax*. Pearson Education Limited.

Song，J. 2005a　Nonperiphrastic Causative Constructions. in Haspelmath，M.，M. S. Dryer & D. Gil & B. Comrie eds. 2005，pp.450—453.

Song，J. 2005b　Periphrastic Causative Constructions. Haspelmath，M.，M. S. Dryer & D. Gil & B. Comrie eds. 2005，pp.446—449.

Strawson，P. F. 1992　*Analysis and Metaphysics*：An Introduction to Philosophy. Oxford/New York：Oxford University Press.

Talmy，L. 2000　*Towards a Cognitive Semantics*. Vol.1&2. Cambridge，Mass.：MIT Press.

Van Valin，R. & R. LaPolla 1997　*Syntax：Structure，Meaning and Function*. Cambridge：Cambridge University Press.

Xolodovic，A.A. ed. 1969　*Tipologija Kauzativnyx Konstrukciy*；*Morfologicheskij Kauzativ*. Leningrad：Nauka.

间接量化

——语用因素导致的全称量化 *

复旦大学　陈振宇

内容提要　一直以来，形式语义学都以逻辑的眼光，将语言中的量化现象全部归之于直接量化算子的功能，并用三分结构来进行研究。但语言中还存在着相当多的间接量化现象，在这里，并没有一个主宰性的全称量化算子在起作用，而是通过一定的条件，针对有关成分的量性特征，在语用规则的作用下，获得全称量化的意义。这些条件有：封闭的集合、事件复数、分配解读和"多对一"语义格局。我们已经发现以下语用规律：1）数的一致性原则，所有论元的事件数必须相同，或者都为零，或者都为事件单数，或者都为事件复数。2）预存论元（汉语句子中谓词前的论元），在顺向信息过程等情况下，具有一定的封闭性，并全部参与事件。3）句中虚指的成分，有"角色（属性内涵）——演员（外延）"的矛盾关系，从而构成全称量化。直接量化必须遵循两条限制：算子与变项一一对应（唯一性限制），算子必须在句法上约束变项（辖域限制）。而间接量化不必遵守这两条限制：句中成分只要满足条件就都得到全称量化意义，可以是多个，也可以不在触发算子的句法辖域之内，不受其约束。最后我们讨论了汉语总括"都"字句，指出它是间接量化，"都"仅仅是个复数性算子，需要数的一致性原则及其他条件来获得全称量化意义，所以不是所有"都"字句都是全称量化。另外，"都"在语义上指向语用突显的主题，所以不是所有全称量化的成分都会突显，都会被它所指向。

关键词　间接量化；数的一致性原则；预存论元；虚指；唯一性；句法约束；总括副词；"都"

1. 直接量化和间接量化

简单量化，指最为基本的量化语义结构，它反映两个集合之间的投射关系：

$$\text{Oper}(X)(Y)$$

"Oper"指量化算子，这个公式指的是，量化算子就像一个处理器，它将集合 X 中的成员 x 处理为谓词 Y 的论元。[①] 这一理论称为"量化三分结构"，其中，X 称为限定部分（也称为"定义域、量化域、变项（集合）"），Y 称为核心部分（也称为"值域"）。[②]

---

* 本文初稿在复旦大学暑期研究生 FIST 课程上讲授过，并与一些同仁进行了交流，感谢袁毓林、潘海华两位先生的指导，虽然文中一些观点与他们不一致。另外，陈振宇、刘承峰、冯予力、叶狂的研究也与本文有关，曾一起讨论有关问题，一并致谢。当然，文中错谬之处，一律由作者负责。

[①] 一些理论，如"广义量词理论"，把整个名词性短语称为普遍量词，而一般所说的量化算子称为"限定词"（determiners）。不过，它的限定词不仅仅是表示数量意义（包括定指数量和不定指数量），还包括表示实指、类指等多种性质的成分。

[②] 参看潘海华（2006）关于三分结构的介绍。

量化算子虽然是用来联通集合 X 与 Y 的，但它的真正功能是把 X 的成员"扔"进 Y 中去，所以算子的直接作用对象不是集合 Y，而是集合 X。因此有一条形式和功能上的基本定律——"算子约束规则"：在语言结构中，担任量化算子的成分必须约束定义域 X，但不一定要约束值域 Y（即表示事件的成分）。

Oper 与 X 是紧密的语义和形式关系，而与 Y 在理论上讲是松散的语义关系。Oper 与 X 之间是一一对应的关系，即一个算子约束一个变项集合 X，一个变项集合 X 必须有一个算子约束。

汉语中的"所有、每、任何、只"等算子都符合这一规则，它们需要在句法上约束其变项集合，并且一次只约束一个变项集合（在不同的焦点结构中有可能约束不同的成分）。

全称量化只是量化中的一种语义功能，它有四个基本语义要求：

1）封闭集合：预先存在集合，即使对强无限而言，也得有一个大致的集合。这一集合必须满足：或者边界是明显封闭的（有界的集合），或者是可以被完全覆盖。

2）分配解读：集合成员必须各自单独参与事件，不能联合起来作为一个整体参与事件，也不能以一个类参与事件。

3）事件复数：对事件数而言，集合成员的数量必须是复数。[①]

4）在语义映射关系上，必须形成"多对一"格局。

这不仅是必要条件，也是充分条件。所以当集合满足这四条时，不论是否有全称量化算子，集合都得到全称量化解读。

不过，也正因为如此，"所有、每"等算子存在时，并不是在任何时候都可以构成全称量化，如下面的情况就不是：

（1）班上所有的学生共有 18 名。（整体解读）

　　你们每个人都买了些什么啊？（语义上不是多对一，可以是多对多，即每个人各自买了不同的东西）

显然，三分结构作为一个理想的逻辑结构，并不能涵盖自然语言中所有的量化现象，因为语言不但遵循一定的语义规则，而且遵循语用的规则，并不都是简单量化，而是包括各种复杂的情况。语用规则以一定的语义规则为基础，但又有所突破；相比于语义上由算子直接给出相应量化意义，语用上并不是有一个直接的该类算子在起作用，而是其他算子（称为"触发算子"）或语义条件在起作用，再通过一定的规则推导出来一个新的量化意义。因此，语用上的量化也可以称为"间接量化"（indirect quantification）。

间接量化在各个方面不同于直接量化：

1）句法语义具有强制性，因此像直接表达全称量化的"任何、每"，在一般条件下都必须得到全称量化意义（极个别情况往往是出于语用修辞的需要，如前面所说的疑问句的例子）。但是语用得到的是涵义（implicature），而涵义都可以取消，所以间接量化必须在各方面性质都满足的条件下才可能实现，如果不满足当然不会出现。

2）直接量化有一个算子，而算子必须约束它的变项。但是间接量化不一定要有算子，

① "事件数"，参见陈振宇（2016）第八章的详细讨论。这是陈振宇、刘承峰（2006、2008、2009、2012、2015），刘承峰（2007）、（2010），刘承峰、陈振宇（2011）的"语用数"和总括"都"字句研究的继续。

可以是一种语用因素，是一种言语活动的特征，它只有一个大致的作用范围，没有精确的句法结构；即使有算子，这个算子也不是直接造成有关成分的量化意义，而是通过中间环节来达成的，所以这个算子仅仅起到触发语用机制起作用的功能。这个中间环节可能是一个全句乃至全部句段的性质，因此可以超出触发算子的句法作用范围，把影响扩展到全句，甚至整个句段，这样，被量化的成分就未必是在该算子的句法辖域之中，也就不受其约束。

3）直接量化遵守唯一性限制，算子与变项一一对应，因为一个算子只会作用于一个变项，而且只表示一次语义功能，一旦已经实现则不会再使用。但间接量化既然是通过中间环节实现的，而这个中间环节又可能是全句性的，那么就不会遵守唯一性限制，只要句中符合条件的成分，就可能都会获得相应的量化意义，因为这些成分不是逻辑上的变项，而是一种语用性的被作用者。

下面我们先介绍三种常见的间接量化，看看它们是如何体现上述性质的。然后我们将讨论汉语总括"都"得量化性质。

2. 否定——数的一致性原则

"一致性"（agreement）是小句核心成分所具有的最重要的性质之一，它是指句法成分（即谓词与论元）之间须保持性、数、格上的一致。汉语在句法上没有"一致性"要求，在词汇上也没有成熟的语法化形式。但是，"数的一致性"不能仅仅看成句法上的要求，它对句子的语义结构有着必然的作用，是一种语用制约因素，因此对汉语语法现象仍然具有重要的制约作用。

我们提出"数的一致性"（agreement about number）原则，[①] 以此解释有关量化功能：一个句子中论元的"事件数"必须等于谓词所表达的事件的数，即：零事件（指没有发生的事件）的论元的事件数也是零；单数事件的论元是事件单数；复数事件的论元是事件复数；反之亦然。

在"事件语义学"（event semantics）理论中，[②] 把表示事件的谓词本身也看作是一个特殊的论元，称为"事件论元"（event argument），简称"e 论元"，那么这一规则就可以修改为：事件所有的论元需在事件数上保持一致。

这一限制可以分解为以下两条：

1）当一个论元参与事件的数为零时，所有论元参与事件的数都为零；反之，当一个论元参与事件的数大于零时，所有论元参与事件的数都大于零。

2）当一个论元参与事件的数为"事件单数"时，所有论元参与事件的数都是"事件单数"；反之，当一个论元参与事件的数为"事件复数"时，所有论元参与事件的数都是"事件复数"。[③]

与否定相关的就是第 1 条。让我们看一个典型例句：

（2）没有学生　在家里　帮　妈妈　做过家务

---

① 　最早见刘承峰、陈振宇（2011），但本文有重要的修改。
② 　由戴维森（Davidson，1967）提出。
③ 　"事件数"我们曾经称为"语用数"，参见陈振宇（2016：379—411）的详细论述。

学生们	没在家里	帮	妈妈	做过家务
学生们	在家里	没帮	妈妈	做过家务
学生们	在家里	帮	妈妈	没做过什么家务
The students		helped nothing	in their home	for their mothers

←———————————— 零事件 ————————————→

零论元　　　零论元　　　　零论元　　　零论元　　　　零论元

这一组例句的奇特之处在于：否定词在世界语言中有许多不同的插入位置，我们可以在谓词上加否定词，也可以加在论元上，而且从理论上讲，可以在任何一个论元那里加，虽然在一个具体语言中，会有各种形式上的分化和限制，例如汉语在主语（主题）位置加一个"没有"来否定，却不能加到宾语和介词宾语等成分上去，英语的"no-、nothing"却无此限制。

否定词在不同的位置当然有焦点性上的差异，这一点在俄语中十分显著，如下面各句中否定焦点都是否定词 HE 后面的那本成分：（俄语例子引自叶善贤 2001）

（3）Он не говорил об этом.　他没说过这事

　　　 Не он говорил об этом.　这事不是他说的

　　　 Он говорил не об этом.　他说的不是这件事情

同时还可能有语力强度上的差异，如英语存在否定词 no- 代表强否定，not 代表一般否定，所以 He got nothing 比 He didn't get anything 语气更强。

但是这些差异都掩盖不了一个重要的共同性质，即上述例句不论是哪种语言，都得到全称否定意义，并且不是对一个论元，而是对所有论元都适用，即这些句子都可以推出以下结论：

（4）所有学生都没有帮妈妈做家务

　　　 在所有学生的家里都没有帮

　　　 所有学生的妈妈都没有得到学生的家务帮助

　　　 所有的家务都没有学生帮妈妈做。

　　　 所有帮妈妈做的家务都没有学生做。

　　　 ……

现在问题来了，为什么否定词可以插入不同的地方，但是却都得到同样的量化意义？为什么插入的是一个否定词，却使多个论元获得了全称量化意义？显然，如果我们要说否定词是直接量化算子的话，那么按理只有一个它所约束的成分得到全称量化意义，而不是所有的成分得到，而且这些成分有的是在否定词的句法辖域之外！

另一方面，是不是句子中所有的成分都一定会得到全称量化意义？不是，请看下面的句子：

（5）张三在家里不帮家长做家务

由于"张三"和"张三的家里"都是单数事物，所以我们根本不能推出"* 所有张三都没帮家长做家务"（全称量化必须是事件复数）。但是"家长"是复数，比如有爸爸、妈妈，因此可以推出"所有的家长张三都不帮他们做家务""所有的家务张三都不帮家长做"。

当把否定句翻译为逻辑式时，我们需要多个全称量化算子，一个算子管一个论元，如下：

（6）∀a（（a∈学生）→∀b（（b∈学生的家）→∀c（（c∈学生的妈妈）→∀d（（d∈家务）→~在……帮……做（a，b，c，d）))))）

或者：∀a∀b∀c∀d（（（a∈学生）&（b∈学生的家）&（c∈学生的妈妈）&（d∈家务））→~在……帮……做（a，b，c，d））

∀a（（a∈张三的家长）→∀b（（b∈家务）→~在……帮……做（张三，张三的家里，a，b）))

或者：∀a∀b（（（a∈张三的家长）&（b∈家务））→~在……帮……做（张三，张三的家里，a，b））

在形式句法中，我们可以设想一个"否定词的逻辑移位"来解释这一点：不管句子中插入的否定词在哪个句法位置上，在逻辑式中都必须移位到句首并管辖整个句子，这样所有句子的成分都受其约束。下面介绍这一设想的后果：

先把否定句看成是对肯定句的操作，那么假设肯定句表示存在量化，由于每个论元都需要一个存在算子，所以句中有多个存在算子，如下：

（7）有学生在家里帮妈妈做家务

∃a（（a∈学生）&∃b（（b∈学生的家）&∃c（（c∈学生的妈妈）&∃d（（d∈家务）& 在……帮……做（a，b，c，d）)))))

或者：∃a∃b∃c∃d（（（a∈学生）&（b∈学生的家）&（c∈学生的妈妈）&（d∈家务））& 在……帮……做（a，b，c，d））

当否定词逻辑移位到句首之后，我们有以下逻辑计算过程：

（8）~∃a（（a∈学生）&∃b（（b∈学生的家）&∃c（（c∈学生的妈妈）&∃d（（d∈家务）& 在……帮……做（a，b，c，d）)))))

=∀a（（a∈学生）→~∃b（（b∈学生的家）&∃c（（c∈学生的妈妈）&∃d（（d∈家务）& 在……帮……做（a，b，c，d）)))))

=∀a（（a∈学生）→∀b（（b∈学生的家）→~∃c（（c∈学生的妈妈）&∃d（（d∈家务）& 在……帮……做（a，b，c，d）)))))

=∀a（（a∈学生）→∀b（（b∈学生的家）→∀c（（c∈学生的妈妈）→~∃d（（d∈家务）& 在……帮……做（a，b，c，d）)))))

=∀a（（a∈学生）→∀b（（b∈学生的家）→∀c（（c∈学生的妈妈）→∀d（（d∈家务）→~在……帮……做（a，b，c，d）)))))

这就得到了多个论元的全称量化。

不过这一假设也有一些技术上的问题，例如在汉语中，"学生们在家里没帮妈妈做过家务"是对"学生们在家里帮妈妈做过家务"的否定，但是后面的肯定句得到的是全称量化解读：所有的学生们都在家里帮妈妈做过家务、在所有学生的家里都有帮做家务的事、所有学生的妈妈都得到学生的家务帮助，仅仅是"家务"没有全称量化，因为我们不能推出"所有家务都有学生帮妈妈做"。由此可知，肯定和否定不是对称的，而且肯定中的全称量化也无法通过否定转为全量否定。当然，我们对此也不是一无办法，完全可以解释，而且还不只一种解释：

1）可以认为汉语肯定句与否定句之间本来就没有映射关系，否定句就是从存在量化来的，不是从肯定句来的。不过这一解读会太主观了一点。

2）认为汉语肯定句的全称量化意义是语用性的涵义，"学生们在家里帮妈妈做过家务"的字面意义是存在解读，即存在学生帮妈妈做家务，但在没有其他条件的情况下默认加强为全称解读；一旦有后文，就可以取消这一全称意义，如可以说"我知道学生们在家里帮妈妈做过家务，但不是每个学生都这么做过。"作为语用涵义，是不能参与进一步的逻辑操作的，因此在否定时，不能对语用涵义进行否定，而需要对原来的字面意义进行否定，于是就是在对存在量化进行否定。

第 2 种解释显然更有力，但也带来一个问题：肯定句的全称量化涵义又是如何实现的？因为句中没有全称算子，所以肯定不是算子的作用，那么为什么有的论元成功获得全称意义，有的却不行？况且语用涵义的假设，证明存在着语用性的达成全称量化的手段，于是这又在逻辑上造成了新的更大的问题。

即使我们同意否定词逻辑移位之说，这一理论假设也带来一个重大的问题，为什么否定词必须逻辑移位？形式句法本身是不需要回答这一问题的，但这一问题不能不问。

有了"数的一致性"规则之后，我们就可以来解释这一问题了。根据这一规则，当任何论元参与事件的数为零时，所有的论元的数都为零。这满足了全称量化四大条件中的三个：1）预先存在集合，所有成员都没有参与事件，2）集合成员以分配解读参与事件，3）论元与事件形成"多对一"格局。于是，只要这一集合的成员的数量是复数，就可以得到全称量化。

在上面的例句中，"学生们"指一定范围的多个学生，所以是复数；"学生们的家、妈妈"都是有多个，也是复数；不同人家的"家务"自然也是复数，所以它们都得到全称解读。但是"张三、张三的家"却是单一个体，所以不能得到全称解读。同理，再如"学生们都不帮张老师做事"，这里"张老师"是唯一定指的集合成员，所以即使"张老师"的确没有得到帮助（参与事件为零），但在本事件中她只是时间分割，因此我们只能说"（在特定时段内）每个时候的张老师，都没有得到学生的帮助"。

3. 一般陈述句——预存集合

现在来解释肯定句（"学生们在家里帮妈妈做过家务"）的问题，这也是间接量化。从时间关系上看，句中谓词的论元分为两种：

1）"事件加合论元"（summed argument by event），[①] 在事件进行中逐渐引入事件的事物，它们的数量具有加合性，即在事件中逐次增加，当事件结束后，达到最终的集合。汉语小句以谓词为界，谓词右边的论元都是加合论元，它们加合的方式有两种：

11）平行加合。即通过事件的复数性来加合。如"买了一本书"，当事件"买"是单一事件时，宾语"一本书"代表一个一本书。当我们把句子改为"他俩各买了一本书"时，虽然宾语还是"一本书"，但是事件是两次事件，于是宾语的实际数量是两本书。当我们进一步改为"他们都买了一本书"时，由于"他们"每人有一个买的事件，而他们是复数，

---

① 有的论元不是由事件加合，而是由算子加合的，如 every boy，算子 every 把一定范围内的男孩都加合在一起。所以从逻辑上讲，算子是具有谓词（事件）性质的。我们这里只讨论由事件加合的问题。

所以宾语也不再是"一本书",而是多本书。我们还可以改为"这三次他都买了一本书",三次事件,因此就是三本书。

不过,如果事件是整体解读,那就不是这样了,如"他们买了一本书"指他们一起买了一本书,"这三次他一共买了两本书"指三次加在一起总数是两本。所以整体解读的事件,实际上相当于一次事件(单数事件)。

总之,当事件是整体解读时,宾语的实际数量等于字面数量;而当事件是分配解读时,宾语的实际数量等于字面数量与事件的数的乘积。

12)追加(addition,又译为"添加")。即通过后续的事件使数量增加。如"他买了一本,又买了两本",追加后总数是三本。

所有加合论元,在事件结束后都加合成了一个最终的集合 Y,这个 Y 中每一个成员都是参与了事件的,因此可以说 Y 具有全称量化意义。不过,这样说没有什么用处,因为加合而成的集合,不可能有"没有参与事件"的成员,没有对比,全称量化也就失去了存在的价值;另外,加合从理论上讲可以无限进行下去,也就缺乏封闭性。所以我们一般地说,事件加合的集合不具有全称量化性质(但有例外)。

2)"预存论元"(pre-existing argument),作为说话者谈论事件的出发点的事物,它们在事件开始之前已经存在,由于事件就是对它们的说明,所以一般而言,是对它们整体或全体的说明。汉语小句以谓词为界,谓词左边的论元都是预存论元,包括主题、主语、谓词前的介词宾语(如"他把两本书递给她"中的"两本书")等等。

信息传递过程分为两种,这导致了对预存论元的不同处理方式:

21)在信息的顺向递增中,前面出现的信息就当它为事实或知识背景了,不再去考虑它的真假与准确问题,而是默认为真。这时,小句的预存论元就是事实,并且全部是后面事件的参与者。如果事件是整体解读,那么因为是一次事件,无所谓什么全称量化;如果这一论元只有唯一的成员,如"我买了书"中的"我"是事件单数,那也无所谓什么全称量化。但如果事件是分配解读,这一预存论元也是事件复数,那么即使句中没有量化算子,这一论元也很自然地得到全称量化意义(除非不满足"多对一"的格局,而这是很罕见的),例如下面划线的部分:

(9)他们读三年级了。(他们每个都读了)

三班的战士是打不烂、拖不垮的英雄汉。(每个人)

北京和沈阳很热。(两处地方都热)

张三和李四来找他。(两人都来了)

张三和李四我都认识。(两人我都认识)

他把窗台和阳台种上花。(两处地方都种上)

他把五颗手榴弹藏到柜子后面。(五颗都藏了)

在教学楼里、在操场上、在学校大门口,同学们义愤填膺,高呼口号,声讨北洋政府的暴行。(教学楼、操场、大门口没处都这样)

对张三和李四,我很有意见。(两个人我都有意见)

不过,请注意预存集合的封闭性强弱问题,如:

(10)a. 孩子们在公园玩。——孩子们都在公园玩。

　　　 b. 两个孩子在公园玩。——两个孩子都在公园玩。

"孩子们"这一集合的边界不明确,所以不一定指全部孩子在公园玩;而"两个孩子"就很明确,所以他俩都在公园玩。不过,如果加"都",则因为它特别突显主题"孩子们"与"两个孩子",所以它们的封闭性都得到了极大的加强,都有了全称量化意义。

22)在信息的逆向纠正中,如果纠正的是预存论元的全部,则依然保持全称量化,如:

(11) 张三和李四,我不认识。(两个都不认识,否定具有全部否定的性质)

这几种怪兽他已经找了一年多了。(每种都在找,"找"具有虚指性)

北京和上海,你去过吗?(两个地方都加以询问)

但是,有一种特殊的信息纠正,却只涉及预存论元的一部分,当然就会破坏全称量化:

(12) a. 弱水三千只取一瓢饮。(只取一瓢,因此不是把三千弱水都取饮)

三班的同学我认识两个。(三班的同学多于两个,所以不是全称量化)

一周上班五天。(如果是"一周上班七天"那就保持全称量化了)

b. 欢乐的事不能尽享。

三班的同学我不是都认识。

田里种不满。人我认不全。(有的地方每种。有的人我不认识)

c. 它们有的从来没有出过森林。

五颗手榴弹三颗不响。

这些人大部分是自发前来参加集会的。(大部分并不是全部)

预设集合规则是一种语用规则,所以得到的语用涵义可以取消,如"他们读三年级了,但不是全部,还有两个留级了"。它是间接量化,所以不遵循唯一性要求:

(13) 学生们　　在家里　　　　帮妈妈　　　　　　做过家务

预存论元　　预存论元　　加合论元 / 预存论元　　加合论元

由于"学生们"指一定范围的学生,是个封闭集合;学生们的家、妈妈的数量一定小于或等于学生的数,因此既然学生是封闭的,则学生的家和妈妈都是封闭的。由于都是分配解读(帮做家务只需要一个人帮一个人就可以),所以得到全称量化意义。只有"家务"是加合论元,究竟有多少家务并没有提到,所以是开放的集合,不满足全称量化的条件。

请注意,并不是所有加合论元都不可能突显全称量化意义,如"学生们都爱自己的妈妈","妈妈"在宾语位置,是由事件进行加合的,但是由于"学生们的妈妈"数量小于等于"学生们",所以也成了封闭的集合,于是可以说"所有学生的妈妈都有学生爱她"。

4. 条件句通指句——虚指

"虚指"(nonspecific),也译作"非特指":当说话者运用一个语词时,在他的直陈世界中不一定有该语词指向的事物或事件,也即该事物或事件被说话者当成非事实或反事实。[①]但直陈世界没有,在更深的虚拟世界中却会有,如"神都是虚假的",说话者是个无神论者,他可以构造一个虚拟世界,其中存在神,然后讨论这个或这些神的属性以及在直陈世界中存在与否的问题。

---

① 参见陈振宇(2017:38—41)的详尽讨论。

打个比方，直陈相当于说话者将言说对象（假如说是一个舞女）直接呈现在听话者的眼前，所以可以直接感受到她的外延与个体性质，她就是她自己，无可替代；而虚指相当于在舞台上挂上一幅由白纱组成的幕帘，而言说对象（舞女）是放在这幕帘之后展示，实际上只展示了她在白纱上的投影，而看不到她本人。这一投影，就是该事物（舞女）在当下呈现给我们的属性或内涵，而不是她的外延本体。我们不得不去猜想，什么样的个体（外延）才是台上的那个投影的本体，回答是：所有满足这一投影属性的个体，都可以是其本体！这就构造出了一个"多对一"的关系。

从这一点看，虚指就是只从属性或内涵去认识事物，或者只投射事物的属性与内涵给听话者，但又表明，它是个体性的而不是纯粹的属性或内涵，诱导我们去猜想可能的个体。而实指则是事物必须有直陈世界的特定外延。这也是实指也被译为"特指"（specific），而虚指被译为"非特指"（nonspecific）的原因。

属性与外延的分离会引发意向活动，即会在各个世界（包括直陈世界）中寻找，如果找到一个或一些个体，她们的轮廓（属性）与幕帘上的投影相符合或相符合的概率较大，我们就会想，这就是或就可以担任那个角色。这样的寻找会很多，构成了如下关系：任意找到一个与其投影（属性）相符者，就可以担任这一角色，满足角色的各种情节；而所有这些找到的相符者，每个都是合格的扮演者。简言之：虚指成分呈现的是属性 Y，而所有符合这一属性的个体，就构成了定义域 X。

我们把这一机制称为"演员——角色关系"（actor——role relation），一出戏会有一个角色，它是唯一的，但是出演它的演员不是唯一的，从理论上讲，任何一个经过培训，达到这一角色的基本要求的演员都可以来演它。这是"多对一"的关系。

从这一点说，凡虚指，一定会构成全称量化。例如：

（14）张三要一杯啤酒。（任意一杯啤酒，就是张三所要的东西）

张三在找麒麟。（任意出现一头麒麟，就是张三要找的东西）

张三希望与一个女护士结婚。（只要有一个女护士与张三结婚，就是张三所希望实现的愿望）

张三想去一个没有工业污染的地方旅游。（任意介绍一个没有工业污染的地方，这就是张三要去旅游的地方）

张三知道病人休克时去找医生求救。（张三知道的是，在此种情况下，任意去找一个医生求救）

张三试图避开冷箭。（任意出现一支射向张三的冷箭，就是张三试图避开的东西）

张三怕开车撞上行人，那可就糟了。（任何一个行人，都是张三怕撞上的对象）

张三怕碰上谁。（任何一个人都是张三怕碰见的）

张三应该去与一个女护士结婚。（任给一个女护士，就是张三应该与之结婚的对象）

张三肯定／可能见到了一个人。（任给一个人，张三看见的话，就证实这是真的）

难道张三和一个女护士结了婚！（任给一个女护士，只要和张三过夫妻生活，就是令说话者意外的使因。）

张三没看见谁。（任给一个人，张三都未看见）

张三看见了谁？（任给一个张三看见的人，就是这一疑问句的答案）

张三，拿本书过来。（任给一本书，只要张三拿过来了，就满足了祈使的要求）

　　所有的条件句，都相当于隐含一个意向谓词及其主语"我假设……"，这里的"我"就是说话者，也是终极的认识者，我把以前的所有思考暂时抛开，仅仅在假设如此条件的情况下来讨论，因此具有主体意向的完全虚拟性。这就是条件句全称量化意义的来源，例如著名的"驴子句"：

（15）一个农夫有了一头驴，他就会打它。

　　按照传统语义学的解释，无定名词短语"一个农夫、一头驴"都应该翻译成存在量化的短语，可是这里应该把它翻译成全称量化才能真正表达句子的语义，即任何一个农夫，只要他拥有了任何一头驴子，他（农夫）都会打它（驴子）。这似乎违反了"弗雷格组合性原则"[①]，所以令人困惑。其实，这里的"农夫"和"驴子"都是说话者臆想的虚拟对象，不代表他直陈的任何一个农夫和驴子，而是具有农夫和驴子的属性的投影，因此任何一个农夫和任何一头驴子，只要符合这一属性要求，就可以进入这一角色，承当该角色的任务，即参与后面句子所说的"农夫打驴子"的虚拟事件中去。因此，"一个农夫"和"一头驴"仍然与通常一样，从词库得到存在量化，但这不是在直陈世界中的存在，而是在虚拟世界中的存在，实际上是台上的角色，而不是演员；换到其他世界中的人物来看，任何一个满足农夫与驴属性的实体都可以去出演这一角色，因此间接得到全称量化意义。这并不违反"弗雷格组合性原则"。

　　下面是两个世界的对比：

直陈世界	虚拟世界
所有具有农夫性质的人	一个农夫
演员	角色
集合	个体
理论上无限的数量（多）	事件单数或确定的数量
全称量化	存在量化
非特定的个体，可替代	特定的个体，不可替代
不一定存在	已经存在
不能用"他"回指	可以用"他"回指

类似的例句还有：

（16）如果有人来的话，请通知我。

　　一个成绩好的人（的话），我还可以考虑。（假设有一个成绩好的人来的场景，因此可以得到"任何一个成绩好的人来，我都可以考虑"的意义）

　　让我们再看看所谓典型的"通指句"，它们并没有任何条件句的形式，如：[②]

（17）一只青蛙四条腿，两只眼睛一张嘴。

　　（一个）学生应该好好学习。

　　熊猫吃竹子。

　　这男人得有男人样。

---

　　①　参看 van den Berg（1995），指一个语句或复合语句的意义是由其中各构成成分的意义加上起连接作用的逻辑常项所决定的。

　　②　参看陈振宇（2017：81—84）对这一句式的详细论述。

　　这种句型也许不是典型的条件句，但在原理上与条件的构造是一样的。它们称为"类指"，是虚拟一个场景，在这个场景中的事物，如非通过其他方式（如索引性）投射到直陈世界中去，则必然是由说话者头脑中虚拟的、用一系列属性表现出来的事物，指假定有这一事物的话，则他有什么属性或需要有什么属性。不光是用光杆名词表达，还可用数量名结构，甚至可用定指性的成分，都可以得到全称量化，即任何一个 x，都是如此。

　　需要特别关注一下定指短语的问题，"这男人"从字面上看，是指一个说话者确定外延因此在直陈世界中存在的对象，它应该是个体指称。此处为什么做虚指、类指解读？此处一般不能加上量词①，如不能说"* 这个男人就得有男人样"，而只能用"指名"短语，因为量词的基本功能是使事物个体化，所以加上量词后就变为了个体指称。在世界语言中，有的语言就可以用定冠词来表示通指成分，如法语。

　　已有的解释是，这里的"这"已经不是指示词，而是其他功能的符号，如可以解释为"主题标记"，用于引出所谈论的论域。② 不过，此类类指有时也会出现在宾语中，如：

　　（18）昔一僧要破地狱，人教他念破地狱咒，偏无讨这咒处。一僧与云'遍观法界性'四句便是。（《朱子语类》卷一百一）

　　　　　　我就佩服他这吃，他可真能吃。③

　　"讨"是"找"类意向谓词，因此可以说，任何一个地狱咒，便是此僧所讨要的东西。"这男人"类成分是如何获得全称量化意义的呢？我们认为需要把它放在一个能够得到全称量化意义的位置，如在"这男人得……"句中，是因为处于虚拟成分的位置，在"讨这咒"句中是因为有意向谓词"讨"约束它，并且这些事件都是分配解读的，如"有男人样"是对作为个体的男人说的，不是对男人整体而言的。如果不满足这一点，也无法得到全称量化意义，如"这男人是社会的脊梁，顶梁柱"，那就是对男人整体说的，并不是男人个体的性质，所以不能获得全称意义。

　　分配解读也就意味着，我们把一个男人的角色放到幕后，让他的性质投影过来，因此从虚拟世界讲，的确是且只是一个个体的男人角色，他与"有男人样"述谓部分相联系；然而任何一个人，只要满足了男人的属性或内涵，就可以去充当这一角色，从而去与"有男人样"述谓相联系。全称量化意义因此而获得。

　　另外需要注意的是，即使我们把句子右边换成疑问结构，也不会失去全称量化意义，例如：

　　（19）如果有人来，我怎么办？（所有人来都采用同样的办法，不管这办法是什么）

　　　　　　这男人就得怎么样？（所有男人都有同样的要求，不管这要求是什么）

　　　　　　一只青蛙几条腿？（所有青蛙腿的数目是一样的，不管究竟有几条）

　　　　　　熊猫吃什么？（所有熊猫吃同样的东西，不管这东西是什么）

　　　　　　一个学生应不应该好好学习？（所有学生有同样的答案，不管答案是应该还是不应该）

---

　　① 有极少数语例，如在方言语料中有，"这个男人嘛，就是要大气一点嗫"（成都话），可能是因为在方言中习惯将"这个"连用，所以它们一起转化。

　　② 如方梅（2002）。

　　③ 方梅（2002）例子。

为什么疑问结构不能破坏这些句子中的"多对一"的格局？而"他们都买些什么？"会破坏。我们认为，这是两类句子的"多对一"格局的来源不同。"都"字句的"多对一"是从右边部分在语义上的确定性来的，所以破坏这一确定性就破坏了它。但是条件句、通指句的"多对一"格局是从虚指的"角色——演员"矛盾来的，右边的疑问与这一虚指无关，所以破坏不了。

甚至当通指成分在句中其他位置上时，只要虚指性不变，"多对一"格局也不变，如：

（20）谁要一杯酒啊？（还是任给一杯酒，都是所要的东西）

　　　你在哪儿去找这咒语啊？（还是只要有一个咒语，就是你要找的）

下面看看条件句和一般通指句的非唯一性问题，"虚指"中"角色——演员"的矛盾关系，这一语义模型涵盖了整个前件小句，因此，这一小句中任何一个成分，只要满足相应的性质，就具有全称量化意义，而不管它的句法地位如何。例如：

（21）<u>学生</u>　在考试中　取得　<u>好成绩</u>，就可以看到学习的效果，从而增强自信心。

　　　　　　　虚指性

　　　复数论元　复数论元　　复数论元

前件的三个论元都有复数性，事件又是分配解读。另外，在这一句式中，前件整体作为主题，后件才是信息性焦点的位置，所以前件小句中的论元都是预存集合，而"多对一"的格局则由前后件之间的关系提供，与前件小句内部的分布无关。因此这里三个论元都获得了全称量化意义：

（22）任何学生，在考试中取得好成绩，他就会看到学习的效果。

　　　任何考试，只要学生在其中取得好成绩，就会看到学习的效果。

　　　任何好成绩，只要学生在考试中取得它，就会看到学习的效果。

当然，如果条件小句中的成分已经被赋予了量性意义的话，则根据直接量化优势原则，该成分不一定有全称量化意义，如：

（23）a. 学生在<u>这次期末考试</u>中取得好成绩，就可以保送大学。

　　　b. <u>他</u>在考试中取得好成绩，就可以看到学习的效果，从而增强自信心。

　　　c. 学生在考试中取得 <u>100 分</u>的成绩，就可以直接保送大学。

在例 a 中，"这次期末考试"是某次特定的考试；在例 b 中，"他"是特定的人；在例 c 中，"100 分的成绩"只是一个成绩点，它们不具有空间分割的可能，只能是功能分割，所以不够突显，不会被量化所注意到。

再看一个通指句的例子：

（24）<u>学生</u>　在学习的时候　面对<u>困难</u>　应该迎难而上。

　　　　　　虚指性

　　　复数论元　复数论元　　复数论元

这里三个论元都获得了全称量化意义：

（25）任何学生，在学习的时候面对困难都应该迎难而上。

　　　任何一个学习的时候，学生面对困难都应该迎难而上。

　　　任何困难，只要学生学习的时候面对它，都应该迎难而上。

5. 总括"都"字句——事件复数与主题突显

本文只考察所谓"左向量化"的总括"都"。Lee（1986）提出"都"是全称量词，且可以赋予句子分配性解读；Lin（1998）对"都"的分配性用法作了形式化定义，其定义的关键便是全称量化。潘海华（2006）、蒋静忠、潘海华（2013）认为，"都"引出一个三分结构，由全称量化算子"都"、限定部分以及核心部分组成，在表示总括意义时，如果"都"左边存在着可以充当量化域的短语，或者可以由焦点、语境等推导出"都"的量化域，就把它映射到限定部分，并把句子的其余部分映射到核心部分。

这一观点的缺陷就是缺乏间接量化的概念，把"都"字句视为简单量化，把"都"当成直接量化算子。这会给自己造成以下麻烦。如果"都"是直接的全称量化算子，那么：

1）"都"所量化的成分为什么在左边而不是右边？左边的成分是句子的主题、主语或前面的介词的宾语，它们都不在"都"的句法辖域之内，这就意味着总括"都"是专门对辖域外不受约束的成分进行量化的算子。

2）"都"所量化的成分究竟是哪个，完全靠语义（复数性）确定，而且不满足唯一性限制，如"这几株每天都会发出一个苞牙"，可以指每一株每天都发一个，因此一天总共会发好多个。这又是为什么？

袁毓林（2005）提出的"事件加合说"，倒是一个间接量化的模型。陈振宇、刘承峰（2012）、陈振宇（2016：412—440）对此做了更为详细的分析，如下：

1）"都"是使事件复数化的算子，它所量化的成分是右边的 VP 部分，由于事件主要由 VP 部分表示，所以在逻辑上"都"是对整个事件进行量化，这也是汉语范围副词的共性。

2）"都"的功能是给予它所支配的事件以"复数"特征；不论 VP 本身有无复数句法特征，但在加上"都"以后，就在语用上具有了复数特征，指这一事件多次发生（可以是同时多事件发生，也可以是前后相继发生）。

3）总括"都"还有一个属性：触发"主题–说明"结构的突显性；在"都"左边的一个成分如果是事件复数，并且是"空间分割"，① 则会成为整个"都"字句的突显主题，而它是全称量化的候选项。

4）"复数性"并不是全称量化，句子的各个成分必须满足相应的条件，才能得到全称量化意义。

下面来详细阐述"都"字句的量化过程：

由于"都"使事件成为复数事件，所以根据"数的一致性"假设，句中所有的论元都必须是"事件复数"：

（26）<u>学生们</u>　　　<u>在家里</u>　　都会帮　　<u>妈妈</u>　　做家务
　　　　　　←——————————复数事件——————————→
　　　复数论元　　复数论元　　　　　　复数论元　　复数论元

由于"都"使"帮（做家务）"的事件为复数，因此论元"学生们、（学生们的）家

---

① 关于"空间分割"，参看陈振宇（2016：393）的详细论述。

里、（学生们的）妈妈、家务"都是复数。另外从自身性质上讲，它们都是空间分割。

但是，只有"学生们、（学生的）家里、（学生的）妈妈"是封闭的集合，前面两个在谓词之前，前面已经讲过，它们是预存论元，因此具有封闭性；而"学生的妈妈"虽然是在谓词后，是加合论元，但因为是比"学生"小的集合，所以也有封闭性。再加上帮做家务可以是一个人对一个人，所以具有分配解读。最后，由于是陈述句，事件的语义具有确定性，因此有"多对一"的语义格局。这样我们发现这三个集合都有全称量化意义：

（27）所有学生都帮妈妈做家务

在所有学生的家里都帮做家务

所有学生的妈妈都得到学生的家务帮助

但是"家务"不具有封闭性，它在谓词后，是加合论元，因此我们不能得到"所有的家务都有学生帮妈妈做"。

有些学者不承认汉语的总括"都"字句有这种与唯一性不相符合的量化结果。李文山（2013）认为，在"每年春季，各地都投入大量的人力、物力、财力植树造林"这句话中，全称量化词"都"同时约束了"每年春季"和"各地"两个变量，并认为这不符合语言逻辑。Lin（1998）曾提到"每"这类词在汉语中不是"都"的全称量化成分，只是对名词短语其作用的加合操作，像"每年"这种是由隐形时间算子约束的，而"都"仅仅约束"各地"。

冯予力、潘海华（2018）则认为全称量化算子是可以同时约束一个以上的变量的，理由为汉语条件句的语义解释就允许无选择约束（unselective binding），但他们没有找到条件句和"都"字句可以同时有多个全称量化成分的原因。

我们认为，直接赋予量性或量化的算子必须要遵循唯一性规则，但通过间接量化实现量性意义时，当然不遵循这一规则。不仅仅是"都"字句，所有间接量化的方式都具有非唯一性，而"都"字句正是这样的量化方式，不过它比条件句、否定句和预存集合问题更为复杂，依赖的核心的语用原则比较多，包括：数的一致性原则（从而使论元必须是事件复数）、预存集合的封闭性、主题的语用突显性等等。

当全称量化的要求无法完全满足时，是得不到这一意义的，不过"都"的根本要求是复数性，而复数性与主观大量是无标记的语用匹配，因为复数是由少到多加合起来的，而这正是主观大量的增长方向，所以"都"字句有一种"主观大量"的例句：

（28）大多数人都来了。

很多人都喜欢她。

竟然有百分之十的女性不想结婚。

其中第三句在客观上小于半数，是小量，但是"竟然"表明说话者觉得多达百分之十是不可思议之事，也许他觉得百分十一二才是正常的，因此是主观大量。只要说话者对数量的感觉是向大的一个方向延伸，那就满足了"都"字句的要求。

另外，句子"你们都买了些什么？"也是保持了复数的要求，但因为不满足"多对一"的语义要求，所以不具有全称量化意义。

除此之外，"都"字句中，并不是所有得到全称量化意义的成分，都可以让我们有"被指向"的感觉。我们还要看它的突显性，即：

1）得到全称量化意义的成分，只有在语用上突显的那个才能是"都"字句中突显的主题，也就是被母语者感觉为该句真正要突出其全称量化意义的成分，或者说"被'都'在语义上指向"的成分。所谓语用上"突显"的成分，包括以下条件：

11）具有最突出的主题地位，即在句首的名词性成分。

12）当其他形式在韵律上远离谓语部分时，剩下的成分被突显。

13）是事件中突出的变化者，即其性质状态在事件中受到显著的影响，产生变化。

14）如果有其他全称量化词来加以突显，如在该成分上同时有"每、所有、任何"等算子的约束，则不论处于什么位置、有怎样的语义性质都会被优先突显。

这些条件之间是优选论的关系。

2）如果句中没有这么一个突显的主题，即使有成分得到全称量化意义，句子在语用上也感觉不好，不太通顺。

如下例中，不同的配置有不同的功能：

（29）他们作业都做完了。（可以是指向"他们"，因为在句首；可以是指向"作业"，因为是变化者。所以本句可以看成有两个成分同时突显）

作业他们都做完了。（突显"作业"，既在句首，又是变化者）

作业，……他们都做完了。（突显"他们"，因为"作业"远离了谓语部分）

再看看我们前面讨论的例子：

（30）a. 学生们在家里都会帮妈妈做事。

b. 在家里，学生们都会帮妈妈做事。

即使"妈妈"在语义上得到全称量化意义，但她完全不具有主题性，在语用上并不够突显。这样，在一般情况下，大家注意到的还是在主题位置的那些论元，故而我们在语感上会觉得"都"只是使"学生们"和"家里"全称量化。这两个成分的配置，在例a中，"学生们"在主题，所以优先得到突显；在例b中，"在家里"虽在句首，但后面有较长的停顿，所以远离谓语，仍然突显"学生们"。

（31）a. 这两个孩子都挺聪明，他们在难以理解的地方都会打上记号，然后去问老师。

b. 这两个孩子都挺聪明，难以理解的地方他们都会打上记号，然后去问老师。

这里的"难以理解的地方"是记号的终点，由于被打上了记号，所以发生了显著的变化，故是变化者，有被突显的资格，这样在例a中，就可能有两个成分同时被突显；而在例b中，"难以理解的地方"就会优先被突显。

再来看看加上其他量化算子的情况，如下例中，都是"所有"后的成分被突显，而不管在什么位置：

（32）他们所有作业都做完了。（突显"作业"）

所有人作业都做完了。（突显"人"）

所有作业，……他们都做完了。（突显"作业"）

在所有场合，学生们都表现良好。（突显"场合"）

学生们在所有场合都表现良好。（突显"场合"）

加标记是显性的语法操作，而句法位置及语义性质是隐性的操作，显性操作总是比隐性操作具有更大的语用优先性，这就是"直接量化优势"原则。再如：

（33）谁来我们都不理会！

我们谁来都不理会！

这两句突显的都是"谁来",而不是"我们",因为这是一个"极端(让步)条件句",这个构式相当于一个显性的量化操作,所以"谁来"才是突显的主题。

黄瓒辉(2006)指出,"被"的宾语一般不能被"都"所指向,即使满足其他各种条件,但"把"字句则没有这一限制,如:

(34)a. * 他被我们都骂了一通。

　　　b. 他把我们都骂了一通。

上述句子中,"他"是空间的单数,"我们"是空间复数,具有封闭性。但例a"都"仍然没有突显的成分,所以句子不成立;如果不要"都",则句子可以成立"他被我们骂了一通",这里"我们"也有可能得到全称量化(我们每个人都骂了他)。例b却完全可以成立。

陈振宇(2016:421)说,在"把"字句中,构式规定NP1必须是施动者,而NP2必是受影响者,构式的论元配置不能改变。但这样一来,NP1因在外围主题而被突显,NP2因是受影响者而被突显,二者突显程度相当,故二者可以公平地竞争,一般可靠语义与重音分布识别,如"他们把书都看完了"全称量化"他们","他们把书都看完了"全称量化"书"。如果没有特殊标记,则受影响性稍占优势,故"他们把这几块地都种上了小树苗"中更倾向于全称量化"这几块地"。

在"被"字句中,构式规定NP1必须是受影响者,而NP2必是施动者,这一论元配置也不能改变。不过在"被"字句中,NP1与NP2高度地不对称,NP1在外围且是受影响者,所以被高度地突显,NP2既在内层又不是受影响者,所以非常地不突显。这样一来,只有NP1可以被"都"指向,而NP2不行,故可说"他们被老师都骂了一通",而不能说"我被他们都打了"。

不过,这一规律是一种语用原则,所以并非百分之一百有效,黄瓒辉(2006)说,下面例a的句子就很好,但她无法解释这一现象。我们还找到了其他一些类似的例子,如下例b:

(35)a. 他被村里所有的人都瞧不起。

　　　b. 他被我们每一个人都骂了一通。

　　　他,他是个妄人,被谁都看不起。

陈振宇(2016:421)说,如果把"被"字句中的NP2刻意"加重",如"他们被村里所有的人都瞧不起"中,"村里所有的人"因为带上了量化成分"所有"故突显度大大强化;另外,由于NP2加大加长,NP1"他们"与"都"的距离也被拉长了,所以NP1突显的可能性也下降了;这两个方面共同作用的结果,使NP2"村里所有的人"可以被"都"指向。

其他的例子也是同样的道理。简言之,"被"字句的宾语之所以一般不能突显,是因为它既不是句首主题,也不是变化者;但是如果我们给它加上其他量化算子,它就足够突显,可以看成"'都'所指向"的成分。

参考文献

陈振宇. 汉语的小句与句子 [M]. 上海:复旦大学出版社,2016.

陈振宇. 汉语的指称与命题［M］. 上海：上海人民出版社，2017.

陈振宇，刘承峰. "不是……就／便是"与"语用数"［J］. 世界汉语教学，2006（4）.

陈振宇，刘承峰. 语用数［C］//中国语文杂志社. 语法研究和探索：第十四辑. 北京：商务印书馆，
　　2008.

陈振宇，刘承峰. "数"范畴的修辞视角［J］. 修辞学习，2009（4）.

陈振宇，刘承峰. 谓词前后不对称与"都"字句［C］//中国语文杂志社. 语法研究和探索：第十六辑.
　　北京：商务印书馆，2012.

陈振宇，刘承峰. 再谈总括副词"都"［C］//上海师范大学《对外汉语研究》编委会. 对外汉语研究：
　　第十三期. 北京：商务印书馆，2015.

方梅. 指示词"这"和"那"在北京话中的语法化［J］. 中国语文，2002（4）.

冯予力，潘海华. 再论"都"的语义——从穷尽性和排他性谈起［J］. 中国语文，2018（2）.

黄瓒辉. "都"在"把""被"句中的对立分布及其相关问题——从焦点结构的角度来看［C］//中国语文
　　杂志社. 语法研究和探索：第十三辑. 北京：商务印书馆，2006.

蒋静忠，潘海华. "都"的语义分和及解释规则［J］. 中国语文，2013（1）.

李文山. 也论"都"的语义复杂性及其统一刻画［J］. 世界汉语教学，2013（3）.

刘承峰. 现代汉语总括副词"都"研究——从"语用数"的角度［C］//王建华，张涌泉（主编）. 汉语
　　语言学探索. 杭州：浙江大学出版社，2007.

刘承峰. 现代汉语"语用数"范畴研究［M］. 上海：学林出版社，2010.

刘承峰、陈振宇. 数的一致性假设［J］. 华东师范大学学报，2011（5）.

潘海华. 焦点、三分结构与汉语"都"的语义解释［C］//中国语文杂志社. 语法研究和探索：第十三
　　辑. 北京：商务印书馆，2006.

叶善贤. 俄语否定语气词 не 的语言功能［J］. 华南师范大学学报，2001（6）：65—69.

袁毓林. "都"的加合性语义功能及其分配性效应［J］. 当代语言学，2005（7）.

Davidson, Donald　1967　On the logical form of action sentences. In *Essays on Actins and Events*. Oxford：
　　Clarendon Press：105—148.

Lee, Hun-Tak　1986　*Studies on Quantification in Chinese*. UCLA PhD dissertation.

Lin, Jo-Wang　1998　Distributivity in Chinese and its implication. *Natural Language Semantics* 6：201—243.

van den Berg, H.（1995）　Existential graphs and dynamic predicate logic. In *Conceptual Structures*：
　　Structure-based Knowledge Representation，Springer-Verlage，338—352.

介休方言高元音 i 的裂化[*]

山西大学　　王为民

内容提要　介休方言的止蟹两摄开口三四等舌齿音字的高元音 i 韵母曾发生过裂化，仅从止蟹两摄目前的现状来看，这次裂化为 *i>ei。介休方言梗曾摄三四等白读曾与止蟹两摄开口三四等字同韵，它们的舌齿音字也发生了裂化，梗曾摄白读裂化后的读音形式绝大多数也是 ei，但个别例外为 iɛ。梗曾摄白读的例外表明，介休方言高元音 i 的裂化音变当是 *i>iei。介休方言高元音 i 的裂化发生在止摄精组及庄章组字韵母舌尖化之后尖团音合流完成之前。

关键词　介休方言；高元音 i；裂化；例外

引　言

介休市位于山西省中部，晋中盆地南端。介休东临平遥，东南靠沁源，西南与灵石相连，西北和孝义毗邻，东北与汾阳接壤。介休方言属于晋方言并州片。介休方言的高元音 i 曾发生过裂化，本文即讨论介休方言高元音 i 的裂化音变究竟是什么，它发生的时间究竟在什么时候？

1. 问题的提出

1.1　介休方言止蟹两摄开口三四等字的读音状况

为了能清楚显示介休方言止蟹两摄开口三四等字的读音状况，我们先将这些字的读音列为表 1。

---

　*　本文写作得到国家社科基金重点项目（16AYY010）的资助，特表谢忱。
　　王为民（1975—　　），河北永年人，山西大学文学院教授，博士生导师，山西省青年三晋学者特聘教授，主要从事汉语方言学和汉语音韵学研究。

表1　介休方言止蟹两摄开口三四等字韵母的读音

	止开三							蟹开三	蟹开四		
	支	寘	脂	至	之	志	微	祭	齐	荠	霁
帮	碑c pei		悲c pei	痹 pi˒				蔽 pi˒	蓖c pi		闭 pi˒
滂	披c pʰi			屁 pʰi˒					批c pʰi		
並	疲c pʰi	避 pi˒	琵c pʰi					敝 pi˒		陛 pʅ˒	
明			眉c mi						迷c mi	米c mi	谜 mi˒
端									低c tei / 堤c tʰei	底c tei	帝 tei˒
透									梯c tʰei	体c tʰei	替 tʰei˒
定									题c tʰei	弟c tei	第 tei˒
泥									泥c ȵi		
来	离c lei	荔 lei˒	梨c lei	利c lei	狸c lei	吏 lei˒		例 lei˒	犁c lei	礼c lei	丽 lei˒
精			资c tsʅ		滋c tsʅ			祭 tsei˒		挤c tsei	济c tsei
清		刺 tsʰʅ˒		次 tsʰʅ˒					妻c tsʰei		砌 tsʰei˒
从			瓷c tsʰʅ		慈c tsʰʅ	字 tsʅ˒			齐c tsʰei		剂 tsei˒
心	斯c sʅ	赐 tsʰʅ˒	私c sʅ		司c sʅ				西c sei	洗c sei	细 sei˒
知	知c tʂei					置 tʂei˒					
庄					辎c tsʅ						
章	支c tsʅ		脂c tsʅ		之c tsʅ			制 tʂei˒			
昌											
见			饥c tɕi	冀 tɕi˒	基c tɕi		机c tɕi		鸡c tɕi		计 tɕi˒
溪				器 tɕi˒	欺c tɕi				溪c ɕi	启c tɕʰi	契 tɕʰi˒
影			伊c i		医c i		衣c i				

　　由表1可以看出，介休方言止蟹两摄开口三四等字的韵母有三类读音形式，一种是 ʅ，包括止摄精组字及庄章组字；一种是 ei，包括止蟹知组字及蟹摄舌齿音字（泥母除外）；其他都是 i（不规则的"碑"、"悲"等除外）。

1.2　止蟹两摄开口三四等字三类读音形式之间的关系

　　仔细分析介休方言止蟹两摄开口三四等韵三类读音形式，我们可以发现它们之间出现的环境完全互补。这说明，这三类读音形式是同一个语音层次的条件式音变。既然是条件式音变，那么它们必然有共同的源头形式。这种共同的源头形式可能是三类读音形式中的一种，或是从另外一种形式演变而来。

1.3　止蟹两摄开口三四等字三类读音的源头形式

根据现有的语言事实，ʅ 不可能演变为 i，也不可能演变为 ei。仅从音理上看 i 可能演变为 ei，也可能演变为 ʅ；ei 可能演变为 i，进而演变为 ʅ。那么 ei 或 i 中的哪个是这三类读音的源头呢？

仔细观察表 1，我们可以看出，介休方言止蟹两摄开口三四等字已经完全合流。我们知道，以《韵镜》和《七音略》为代表的早期韵图止蟹两摄开口三四等还没有合并，到晚期韵图如《切韵指掌图》，止蟹两摄开口三四等字才合并。根据唐作藩（2001）和李红（2006）的研究，《切韵指掌图》的"基"摄开口有两个韵母形式，一个是 ʅ，仅限原止摄精组字；一个是 i。由此可以看出，止摄开口精组字应该早期与蟹摄开口三四等合流之前就已经舌尖化，否则蟹摄开口四等的精组字也应该舌尖化，但这在介休方言并没有发生。这样，我们认为，i 应该是止蟹两摄开口三四等字三类读音的源头形式，因为止摄精组的 ʅ 也应该是由 i 演变而来。

也许有的学者会提出蟹摄四等 ei 可能是《切韵》蟹摄四等韵读音的保留。我们不赞同这一点。首先，ei 的出现有严格的条件限制，这与古音遗存不同，因为古音遗存常没有条件。其次，如果说蟹摄四等的 ei 是保留古音，那么蟹摄三等及止摄知组的 ei 如何解释呢？再者，止蟹两摄开口三四等字在介休方言中已经完全合流，ei 和 i 应该是合流之后的读音形式，因此 ei 不可能是《切韵》音的保留。

1.4　介休方言高元音 i 的裂化

由于 ei 是从 i 演化而来，因此介休方言止蟹两摄开口三四等字的高元音一定发生了裂化音变，也即发生了规则（1）i>ei。规则（1）出现的范围是舌齿音声母字。同样，介休方言模韵的舌齿音声母字也发生了裂化（2）u>əu，如表 2 所示。这种平行的演变，似乎更印证了介休方言的高元音 i 曾发生过裂化。

表 2　介休方言模韵字的读音

	赌	土	奴	芦	租	粗	苏
	遇合一上姥端	遇合一上姥透	遇合一平模泥	遇合一平模来	遇合一平模精	遇合一平模清	遇合一平模心
介休	ꞌtu	ꞌtʻu	₌nəu	₌ləu	₌tsəu	₌tsʻəu	₌səu

我们相信，介休方言的高元音 i 的确发生过裂化，但是裂化的方式是否就是 i>ei，也就是说是否的确发生了规则（1），我们现在还不敢肯定，还需要作进一步的考察。

2. 介休方言梗曾摄开口三四等白读

根据罗常培（1933）、邵荣芬（1963）和刘燕文（1998）的研究，唐五代西北方音、敦煌方音多见梗摄三四等舒声字与蟹摄三四等对转或混合的现象。乔全生（2008）曾指出"晋方言并州片梗摄丢失鼻音韵尾后，庚清两韵同祭韵，青韵同齐韵。多读〔i〕、〔ʅ〕

韵。"晋方音的这种现象保留的是唐五代西北的某支方音。"介休方言属于晋方言并州片，下面我们就来看一下介休方言梗曾摄开口三四等字白读的读音状况。

2.1　介休方言梗曾摄开口三四等白读的读音状况

介休方言梗曾摄三四等字的白读已经完全合流，但合流之后的读音也出现三种读音形式 i、ei、iɛ。其中，非舌齿音声母字的韵母是 i，舌齿音声母的韵母为 ei。但有一个例外，就是梗摄三等开口清韵的"姓"字，其白读为 ɕiɛ，而同摄同等同声母的"性"字，其白读为 sei。介休方言梗曾摄开口三四等白读如表 3 所示。

表 3　介休方言梗曾摄三四等开口字之文白异读

		曾开三：蒸		
		平	上	去
知系	章	蒸 tʂən/tʂei		
	昌			秤 tʂʻən/ʂei
	船	绳 ʂən/ʂei		剩 ʂən/ʂei
见系	影	应 iə̃/i		
	以	蝇 iə̃/i		
		梗开三：庚		
		平	上	去
帮系	并			病 piə̃/pi
	明	明 miə̃/mi		命 miə̃/mi
见系	见			镜 tɕiə̃/tɕi
	影		影 iə̃/i	映 iə̃/i
		梗开三：清		
		平	上	去
帮系	帮		饼 piə̃/pi	
	明	名 miə̃/mi		
	来		领 liə̃/lei	
	精	精 tɕiə̃/tsei	井 tɕiə̃/tsei	
	清	清 tɕʻiə̃/tsʻei		
	从	晴 tɕʻiə̃/tsʻei		
	心			姓 ɕiə̃/ɕiɛ 性 ɕiə̃/sei
知系	章		整 tʂən/tʂei	正 tʂən/tʂei
	书	声 ʂən/ʂei		

		梗开四：青		
		平	上	去
端系	端	钉 ti̯ə̃/tei	顶 ti̯ə̃/tei	
	透	听 t'i̯ə̃/t'ei		
	定			定 ti̯ə̃/tei
	来	零 li̯ə̃/lei		另 li̯ə̃/lei
	清	青 tɕ'i̯ə̃/ts'ei		
	心	星 ɕi̯ə̃/sei		

2.2　一个例外的启示

　　介休方言梗曾摄开口三四等字白读显然已与止蟹两摄开口三四等字合流。其中 i 和 ei 在止蟹两摄与梗曾摄之间是完全对应的，但"姓"字却成为一个例外。"姓"字的白读为 ɕiɛ，无法与止蟹两摄乃至梗曾摄白读对应。那么这个"姓"字的白读音 ɕiɛ 是从哪里来的呢？

　　如果"姓"的这个白读音不是介休方言自己的，那么它就可能是借自其周围方言的。下面我们就来看一下介休周围方言"姓"字的读音，如表 4 所示。由表 4 可以看出，介休周围方言"姓"字的白读并没有出现 ie 类韵母。实际上在整个晋中盆地及晋西离石小片和晋东南的沁县小片方言梗摄三等字的白读皆为 i（ɿ、ʅ）类韵母，只有晋南中原官话片方言梗摄的白读才出现 ie 类韵母的状况。既然如此，那么地处晋中盆地的介休方言"姓"字的白读怎么会有 iɛ 这样的读音呢？看来这个问题还要从介休方言内部来寻找答案。

表 4　介休周围方言"姓"字读音

	平遥	沁源	灵石	汾阳	孝义
姓	ɕiŋ˧	ɕiŋ˧	ɕiŋ˧	ɕiŋ˧/sʅ˧	ɕiŋ˧

　　如果介休"姓"字的白读 iɛ 不是借自外方言，那么它只能是其自身方言的反映。在没有任何证据说明"姓"字的白读 iɛ 与其他同摄字的白读分属不同的语音层次的情况下，我们只能承认"姓"字的白读音 iɛ 与同摄其他字的白读一样属于同一语音层次的演变。比较表 1 和表 3，我们看出介休方言舌齿音 i 韵母曾发生过裂化。如果我们仅从止蟹两摄出发，甚或连同梗曾摄三四等白读一同考察，而忽略"姓"字白读这个例外，我们当然可以说，介休方言高元音 i 发生的裂化是（1）i>ei。但这样一来，"姓"字的白读 iɛ 将永远是个例外。如果我们将这个例外一同考察，我们只能说介休方言 i 裂化后的形式是 ei 和 iɛ 的共同体 *iei。*iei 是一个不稳定的音，因为它不符合 OCP 原则。*iei 既可能因异化而丢失 i 介音，也可能因异化而丢失 i 韵尾。介休方言选择的是前者，而只有一个例外选择了后者。丢失了

韵尾 i 的"姓"字白读与假开三合流。这样，我们就可以说介休方言 i 曾发生的裂化为（2）i>iei。虽然在这种情况下"姓"字的白读仍然是个例外，但它是个可以解释的例外。

李荣（1982）指出"语音演变规律有些零碎的例外。例外考验规律。通过例外的分析研究，可以帮助我们进一步掌握规律。"徐通锵（1992）也曾说"'例外'的研究是音变规律研究中的一个难点，但只有当例外得到了合理的解释，规律才能得到确立。"

介休方言"姓"字的白读为我们确立介休方言 i 的裂化形式提供了重要的参考，这个例外的解释帮我们确立了介休方言发生了规则（2）而不是（1）。

3. 对介休方言高元音 i 裂化的再检讨

3.1 来自入声字的另一个证据

介休方言虽然还有入声，但是也有部分入声字已经舒化变成了阴声韵。其中与高元音 i 裂化有关的入声字的读音如表 5 所示。

表 5 介休方言梗曾摄入声字的文白异读

熄	息	掷	炙
曾开三 入职心	曾开三 入职心	梗开三 入昔澄	梗开三 入昔章
$\varsigma i \Lambda ʔ$ ˛/$\varsigma i E$ ˒	$\varsigma i \Lambda ʔ$ ˛/sei ˒	$tʂei$ ˒	$tʂei$ ˒

介休方言梗曾摄白读的元音曾经是 *i，那么与它们相对的入声字的音节必然是 iʔ。这些入声音节丢失喉塞音韵尾后也必然变成 *i。如果这些入声音节舒化的时间较早，赶上了高元音 i 的裂化，那么这些入声字的元音也必然发生裂化。我们看表 5 的这 4 个入声字。其中"熄"和"息"有文白异读，"掷"和"炙"只有白读。介休方言梗曾摄入声字的白读当来源于同一个语音层次。同摄同等同声韵的"熄"和"息"的白读一个是 $\varsigma i E$，一个 sei。这与"姓"与"性"是平行的演变。这说明，"熄"的演变与"姓"一样，在元音裂化后又因异化而丢失了韵尾。其他入声字在元音裂化后皆因异化而丢失了介音。

3.2 介休方言高元音 i 裂化发生的相对时间

3.2.1 介休方言高元音 i 裂化的时间上限

根据桑宇红（2007）的研究，"止摄开口三等知庄章组字在近代汉语时期的演变有其独特性，无论是在近代汉语文献还是在现代汉语方言中都表现出两种读音对立形式：一类是止开三庄章一组、知一组；一类是止开三知章一组，庄一组。在现代汉语方言中，这两种类型大致以长江为界，止开三庄章一组的情况主要分布在长江以北，而知章一组的情况主要分布分在长江以南。"介休方言的演变正好说明了这个问题。

观察表 1，我们可以发现介休方言止摄开口三等字的韵母庄章为一类，知为一类，这种音类的分合表现与近代北音系韵书如《中原音韵》、《韵略易通》、《韵略汇通》、《交泰韵》、

《元韵谱》、《五方元音》等一致。庄章一类为 ʅ 韵母，知类为 ei 韵母，知类恰是 i>iei 裂化后的继续发展。另外，仔细观察表 1 我们还会发现，介休方言 i 的裂化也发生在止蟹两摄开口三四等合流之后。而更为重要的是，介休方言 i 的裂化发生在所有的舌齿音声母 i 韵母字。介休方言庄章组字为 ʅ 韵母，故未发生裂化。这说明，介休方言止蟹两摄开口韵裂化的发生比《切韵指掌图》还要晚。因为在《切韵指掌图》中，"基"摄开口韵中的 ʅ 只包含原止摄的精组字，并不包含庄章组字。而庄章组字的韵母舌尖化到《中原音韵》才形成。在《中原音韵》中，止摄精组和庄章组字出现在"支思"韵，知组字出现在"齐微韵"。出现在"支思"韵中的 ʅ（或 ɿ）裂化的可能性很小，出现在"齐微"韵中的 i 才可能再分裂。因此，介休方言止蟹两摄开口三四等字韵母的裂化发生的上限是止蟹两摄开口三四等合流之后，甚至是止摄庄章组字舌尖化之后。

3.2.2　介休方言高元音 i 裂化的时间下限

除了涉及高元音 i 裂化的音节，介休方言所有的尖团音已经完全合流。那么到底介休方言的尖团音字是已经完全合流，然后由于高元音 i 的裂化音变导致这些音节字与见组字分开呢？还是介休方言的尖团音字根本就因高元音 i 的裂化未曾完全合并呢？

仔细分析表 1，我们可以看出介休方言蟹摄四等精组字韵母为 ei，声母为 ts、ts'、s，而见组字韵母为 i，声母为 tɕ、tɕ'、ɕ。这说明，介休方言蟹摄四等的精见两组字没有合流。如果，介休方言高元音 i 的裂化发生在尖团音完全合流之后，那么蟹摄四等见组字的韵母也当为 ei，声母也当为 ts、ts'、s。可是事实确并非如此。因此，介休方言高元音 i 的裂化必当发生在尖团音合流之前。也就是说，介休方言蟹摄四等精组字因异化而导致失去了发生腭化的条件，故没有发生腭化。从这个角度说，介休方言的尖团音未曾完全合流过，这是由于音系规则造成的不完全合流。

4.　结　论

介休方言的高元音 i 与 u 一样发生过裂化。高元音 u 裂化所涉及的声类是所有的端系舌音字，而高元音 i 裂化所涉及的声类是端系和知系所有舌齿音字。介休方言高元音 i 裂化发生的音变是 i>iei，而不是 i>ei。这一音变发生在介休方言止蟹两摄开口三四等字合流之后，甚至是止摄庄章组字舌尖化之后，尖团音合流完成之前。

参考文献

李红. 切韵指掌图研究［D］. 长春：吉林大学博士学位论文，2006.

李荣. 音韵存稿［M］. 北京：商务印书馆，1982.

乔全生. 晋方言语音史研究［M］. 北京：中华书局，2008.

唐作藩. 汉语史学习与研究［M］. 北京：商务印书馆，2001.

张益梅. 介休方言志［M］. 太原：山西高校联合出版社，1991.

苏州地区村落地名通名的历史层次研究

苏州乡音会　顾国林　蔡佞　陆新蕾

内容提要　本文对苏州地区原吴县的 5137 个村落地名进行统计，整理出 68 类通名（如：浜、泾、溇、浦、渎、港、荡、漾、潭、圩、堰、埭、圩、埂、塍、墩、栅、巷、舍、库、宅、坞、墅、墟等），比例关系显示，它们具有强势类型不明显的"头小、体大、尾长"特点。针对 1729 个含姓氏村名，采用"姓氏结构积分"的量化方法，通过姓氏历史追踪地名的历史，结论显示：巷、里、库（舍）、溇、港显示出早期性、本土性倾向，庄、村、坞、湾、泾、河显示出晚近性、移入性倾向。

关键词　村名历史；吴语地名；地名姓氏；苏州移民史

1. 研究方法简介

用于观察移民史和地名文化变迁，村落地名（指自然村村名，以下简称村名）有先天优势：

（1）地名层级越低，历史惯性越小。小地名（如某浜、某溇、某埂等）往往是民众的口头语言，不同方言区的居民叫法不同。在移民涌入、土地易主后，小地名会发生更易、叠压，形成层次，从而可窥见移民史。大地名（如无锡、姑苏、余姚等）由于传播广度、行政力量等因素，更容易保持旧貌，可窥见更早的历史、语言的底层，但不太反映较晚的移民运动。

（2）村名数量多、体量大，很多村名带有姓氏，这是天然的历史标签，可以使用统计学方法探索形成年代。

长期以来，研究地名史主要依赖历史文献。但村名这类较小的基层地名，文献所能提供的早期面貌非常有限，对它们的早期情况了解不多。为此，本文设计了新的探测方法："姓氏结构积分"探测法。基本原理如下：

一般来说，带姓氏的村名往往可分为"姓氏＋通名"两部分，比如沈泾、郁舍、戴墟，沈、郁、戴是姓氏，泾、舍、墟是通名。中国南方地区的姓氏往往因移民而富有层次性，比如"吴郡四姓"的陆、顾、朱、张是苏州地区的早期姓氏[①]。假如有一类村名通名，总是和这四个姓氏结合，比例远高于其他姓氏，那么就有理由怀疑：这类通名也是比较老的，

[①]　关于"吴郡四姓"：刘义庆《世说新语》"吴四姓，旧目云：张文朱武，陆忠顾厚"；张勃《吴录·士林》"吴郡有顾、陆、朱、张为四姓，三国之间，四姓盛焉"；敦煌文书《唐贞观八年条举氏族事件》"吴郡四姓，朱、张、顾、陆，盖自东吴以来，即此四姓也"；今天，陆、顾、朱、张仍是苏州地区人口前 10 位的大姓，人口比例数据见本文第五节。

因为它总是和"土著"的姓氏捆绑在一起。比如"巷"，它的姓氏结构如下：

陆 15，王 13，张 12，沈 11，吴 9，周 8，徐 8，顾 7，陈 7，朱 5，蒋 5，赵 4，李 2，施 3，倪 3，俞 3，董 3，曹 2，唐 2，许 2，严 2，胡 2，殷 2，丘 2，宋 2，邓 2，叶 2，汤 1，潘 1，蔡 1，谢 1，范 1，陶 1，袁 1，翁 1，罗 1，苏 1，郭 1，邢 1，郁 1，查 1，龚 1，奚 1，包 1，梁 1，吕 1，秦 1，仇 1，孔 1，崔 1，裴 1，刁 1，褚 1（数字表示出现次数）。

"巷"的陆姓排第 1 位（陆姓在苏州村名姓氏比例中排第 4 位，在苏州户籍人口中排第 10 位，在全国人口中排 70 位[①]），这大概反映了"巷"是很本土的村名类型，而且还反映了较早的产生时间（当时陆姓居民比较多）。

以上仅是纯感官的判断，不够科学，为了设计更精确的量化方法，进行如下改进：

（1）不再依靠文献史判断姓氏的新老，而使用境内外"姓氏密度差"去标示每个姓氏的扩散倾向（该姓是流入倾向还是流出倾向），比如：陆 +2.11、顾 +2.11、李 -1.4、刘 -1.81。负值表示该姓本地少、外地多，那么在自然扩散下，由外地流入吴地；正值表示该姓本地多、外地少，那么在自然扩散下，是吴地流入外地。该数值由苏州本地姓氏比例和全国姓氏比例计算得出，间接反映姓氏的新老程度。在统计理论中，足量的间接证据具有确信力。统计还可抹平单一姓氏的误差和不确定性，提高确信力。

（2）所有姓氏都参与计算，将所有姓氏的数量、扩散倾向进行累计，得到该通名的"姓氏结构积分"，详尽的计算原则和数学公式将来第三节介绍。

根据积分的比例化数值，可判断通名的性质：正值反映早期性倾向，负值反映晚期性倾向，绝对值反映显著程度。巷的"姓氏结构积分"比例值为 +21%，反映了"明显的早期性、本土性"倾向。

下文谨慎使用这个方法，保持和文献研究的独立，避免循环论证，使结论具有独立价值。

2. 通名统计结果

村名数据采集自 1994 年《吴县志》[②]，共计自然村村名 5137 个。原吴县即通俗所讲的"苏州乡下"，地理上围绕苏州城，西起太湖，东、南、北分别与昆山县、常熟县、吴江县交界。境内西部为山地，其他地区为典型的江南湖荡平原。

虽然本文重点关注吴县村名，但其中很多通名为江浙沪三地广大的太湖吴语区共享。比如，浜、泾、溇、库、埭五个醒目的特色通名，同时流行于周边的上海、嘉兴、湖州、无锡等地；坞则是吴语区表示山间平地、山坳的特色通名，广泛分布于苏南、浙江、皖南吴语区。吴县村名是太湖吴语区地名的一个缩影。

由于村名用字多借字、俗字、讹字，对通名的释义以当代语言学视角提炼土著的说法为准，明清方志记录和字书、字典记载只作为参考。我们田野走访了吴县大多数乡镇，请教当地农民，记录土俗，纠正望文生义的误会（见表 1 和表 2）。

---

① 前一种排位数据来源见第三节，后两种排位数据来源见第五节。
② 詹一先主编：《吴县志》，上海古籍出版社，1994 年版。

表 1　苏州村落通名统计和方言音义调查表

序号	通名代表字	数量	比例	语音	在村名中的含义调查
1	浜	816	15.9%	［paŋ］	小河的尽头、水系的末端，农民把一端不通的断头河称为浜，浜有防盗优势，是滋生村落的地方，浜有时也泛称小河。
2	里	611	11.9%	［li］	村落通名，即村，如沈家里、谈家里。
3	桥	558	10.9%	［dʑiæ］	如字
4	巷	315	6.1%	［ɦioŋ］	巷在苏州农村无街道义，农民把村庄称"巷浪"，巷即村，宋巷、吴巷即宋村、吴村。巷籀文、小篆都是从邑共声（常见的群、匣母谐声），造字本义应是居住聚落，在城里是街巷，在乡野是村落，巷用于村名保持原始本义。
5	庄	232	4.5%	［tʂoŋ］	田产，村名"官庄"即官田，"义庄"即慈善用田，"吴四房庄"即"吴家四儿子的田"，"田庄上"更反映庄的本义。
6	塘/荡/堂	197	3.8%	［doŋ］	塘：非池塘，指堤岸，泛化指河，苏州地区把人工开凿的很多河流叫塘。 荡：浅水湖，也泛指处所、地方，后者他处也用宕字。 堂：庙堂、庵堂、三官堂、坟堂等香火类房屋和场所，非祠堂，苏州地区淡宗族文化，祠堂极少。 （这三字是独立通名，但只有声调之别，在村名里混用严重）
7	村	194	3.8%	［tsʰən］	如字
8	湾	183	3.6%	［ue］	在平原指河湾，在苏州西部山区指山坳。
9	泾	181	3.5%	［tɕiəŋ］	中小河流名，通常比较直，人工痕迹比较明显，北部元和塘两岸尤其多。
10	河	172	3.3%	［ɦu］	吴地多用于新开河名，老河名极少用河。
11	港	170	3.3%	［koŋ］	各种大小河流通称，无港口义，对应北方的河。
12	埂	160	3.1%	［kaŋ］	土条，吴县农村多指堤岸，北部尤其多，吴地有些地方指田岸。

序号	通名代表字	数量	比例	语音	在村名中的含义调查
13	角	140	2.7%	［koʔ］	如字
14	山	139	2.7%	［se］	如字
15	田	107	2.1%	［diɪ］	如字
16	溇	105	2%	［lai］	圩田时代的通水沟，东南乡农民尚知是水沟，现在用于小河流名，通常比较窄小荒野。
17	场	88	1.7%	［zaŋ］	口语指院子，西部山区农民把山间大平地叫场，是山里最好的农业资源，通常前冠过去大地主家的姓。
18	寺/观/庵/庙	88	1.7%	［zɿ/kuø/ø/miæ］	如字
19	圩	82	1.6%	［ɦi］	用大堤岸围起来的大片土地，村庄、农田都在其中，是太湖平原最常见的地貌，音余。
20	舍	67	1.3%	［so］	村落通名，苏州地区的舍即村，已无房子的含义，房子叫屋。该字吴地民间大量写成庰（注意不是库），是民间土形声字，如同闽人造厝字。
21	沿	56	1.1%	［ɦiɪ］	如字
22	墩	54	1.1%	［təŋ］	土丘，上面一般是平的，太湖平原早期流行墩居，后为圩居，很多墩是远古时期人工堆砌的居住遗址，现多沦为墓地、竹林。
23	园	52	1%	［ɦiø］	如字
24	都/图/扇	52	1%	［tau/dau/ʂø］	古代政府的征税地理系统，图指田亩地图，称谓是针对管理者而言的。这类地名前缀多用数字，比如"北三图、十图里、念（廿）五图"，是古代都图制的活化石。用都图表示位置，今苏州农村仍用在丧葬领域，比如写在纸锭袋上的地址。
25	坞	50	1%	［u］	指两山之间低处较平坦的地方，即山坳、山沟，山村多滋生于此，苏州山区最重要的地名词。坞是吴语区民间土形声字，与古字书里的坞无关。

续表

序号	通名代表字	数量	比例	语音	在村名中的含义调查
26	堰	44	0.9%	［iɿ］	即挡水坝，少数可能是吴地文献表小湖的潩（淹），后者今已很少使用。
27	潭	44	0.9%	［dø］	地面凹陷处，有水、无水都可以，地名里常指池塘和湖泊。
28	宅	44	0.9%	［zoʔ］	村落通名，亦称"宅基"，上海、常熟地区尤其多。
29	搭	43	0.8%	［taʔ］	方位、处所用词，相当于普通话"这里、那里"的"里"。
30	坟	42	0.8%	［vəŋ］	如字
31	嘴	36	0.7%	［tsʅ］	凸出地形，如伸出湖面的陆地，伸出平原的山脉，取鸟嘴的形象。
32	弄	35	0.7%	［loŋ］	弄堂、小巷，京城称胡同。苏州村庄的弄堂深度以3到5家为常见，太深了离河远，生活不方便，一般村庄会有几十条弄堂。
33	岸	31	0.6%	［ŋø］	如字
34	渡	31	0.6%	［dau］	渡口
35	塉	28	0.5%	［dʑi］	大堤，西山农民尚知是堤，其他地区大部分农民已经不知道含义，清代地方志尚用塉字，现在村名里写垍、巨、炬、柜、岐、歧、棋等，主要分布在太湖和吴淞江沿岸。
36	漾	27	0.5%	［ɦiaŋ］	指河流宽阔处的一大片水面，也泛指湖泊，本调是去声，今村名里多写近音的平声字洋。
37	门	27	0.5%	［məŋ］	用门借指屋宅、大家族，如潘家门、钱家门。
38	墅／市	23	0.4%	［zʅ］	墅的地名含义在苏州民间已不知，是"石化"的通名，今有"蠡墅、黄墅、金墅"等。墅在中古字书是田庐、村庄义，如宋本《玉篇》"墅，食与切，村也，田庐也"。从全国分布来看，墅地名主要分布于苏南和浙北。市为集市，常形成村镇。墅、市在苏州地名里长期并存，因为方言同音，有混写情况，比如"浒墅关"宋《吴郡图经续记》记"许市"。

续表

序号	通名代表字	数量	比例	语音	在村名中的含义调查
39	池	23	0.4%	［zʮ］	池塘、小湖的较新叫法，传统叫潭、荡、漾。
40	保 / 甲 /社	22	0.4%	［pae/kaʔ/zo］	古代行政编户制，用于管制民众。
41	窑	20	0.4%	［ɦiæ］	如字
42	塍	19	0.4%	［ziaŋ］	田岸、河堤，语音特殊，今村名里多写为近音的祥、墙、象、翔。
43	房	19	0.4%	［vɔŋ］	房指房间，屋指房子，和普通话正好相反。村名里多用为"陆三房、陆四房"等，指陆家三儿子、四儿子（所在地），农村里用房来借指子嗣。
44	店	19	0.4%	［tiɪ］	如字
45	海	16	0.3%	［he］	方位、处所用词，相当于普通话"东面、西面"的"面"，与海洋无关系，去声调，写上声的海近似表音。
46	沟	16	0.3%	［kai］	主要指河沟，苏州地区山沟叫坞、湾，一般不叫沟。
47	滩	14	0.3%	［tʰe］	如字
48	亩	14	0.3%	［m̩］	农田量词，前缀多用数字。
49	坝	14	0.3%	［po］	横截坝，较新说法，传统叫堰。
50	涧	12	0.2%	［ke］	山涧，见于苏州西部山村。
51	兜	12	0.2%	［tai］	即浜兜，小河的较宽广的尽头，便于停船。
52	浦	11	0.2%	［pʰu］	中型河流通名，吴淞江大支流多叫浦，多数年代久远，宋人郏亶记载的吴淞江两岸50余条浦名，很多沿用至今，如奉里浦、青丘浦等。
53	墓	11	0.2%	［m̩］	多为历史地名，方言不称墓，称坟。
54	尖	10	0.2%	［tsiɪ］	如字
55	井	10	0.2%	［tsiŋ］	如字

序号	通名代表字	数量	比例	语音	在村名中的含义调查
56	地	10	0.2%	[di]	如字
57	岭	10	0.2%	[liŋ]	如字
58	盛	9	0.2%	[zaŋ]	常用来记录城的白读音（平声），这些地名年代久远，如先秦地名摇城（今村名写瑶盛，在车坊镇）。
59	岗	9	0.2%	[kɔŋ]	如字，有些可能是港之讹。
60	墟	8	0.2%	[tɕʰi]	音区（溪母），和南方表示集市的墟（晓母）不同源。古江东地区将村称为墟，如陶潜《归园田居》"暧暧远人村，依依墟里烟"，墟里就是村里，太湖地区的墟属于残迹型地名，境内存有"（前后）戴墟、沙墟、席墟、黄墟、东墟、韩墟"等，"戴墟"见于 11 世纪郏亶《上水利书》，至少已有千年历史。
61	绞	8	0.2%	[gæ]	吴地方言把蟹足（十只）叫螯，音搞平声，地名里表示像蟹足一样的地形，如伸入水面的陆地、山丘余脉等，和嘴近义，苏州村名里常写为绞，个别写为稿、皎等，浙北常写峣。少数绞村名来自拖船过堰埭的绞车，念清音。
62	栅	8	0.2%	[sɔʔ]	过去吴地河流上的防盗关卡，音石清音，村栅多用柏木，白天沉在水底，夜晚拉起来架在河道上，今已全部拆除消失，年轻人已不知。
63	亭	8	0.2%	[diŋ]	如字
64	仓	7	0.1%	[tsʰɔŋ]	如字
65	洲	7	0.1%	[tʂai]	姓氏周的讹写，见表 2。
66	坊	7	0.1%	[fɔŋ]	多数是船坊（歇船棚），部分是作坊（油车坊、酱坊等）。
67	渎	6	0.1%	[doʔ]	多指人工开凿的运河，较古老，宜兴太湖边特别多。

序号	通名代表字	数量	比例	语音	在村名中的含义调查
68	埭	6	0.1%	[dɔ] [de] [dɔŋ]	［de］：分布于苏州北部，如黄埭（镇）、芮埭，和埭的中古音（哈韵）对应，文献义是堰坝。 ［dɔ］：分布于北部以外的区域，如宋家埭、邱家埭，俗词源，方言指条状地形，也做量词。 ［dɔŋ］：如甪直"邹家埭"，是对吴地处所词"宕 / 荡（音）"的记录，相当于"邹家处、邹家那里"的意思。 （以上三音是独立词源，共用一字埭，民间用字灵活，不固执于字书）

表 2　苏州村落通名讹、俗、雅、借字收集表（20 组）

通名代表字	其他用字	方言语音情况	说　明
圩	垾、巨、炬、柜、岐、歧、棋	同音或仅声调差别	义大堤，清《元和县志》尚用圩，今多写借音字，吴县农村语音多无撮口呼，所以也写棋、岐、歧等。
溇	楼、娄	仅声调差别	义通水沟、小河，少数雅化写楼，少数写娄。
舍	厍、沙	同音或仅声调差别	农民常写厍，也有少数村记音写沙。
埂	更	仅声调差别	堤岸，有些地方指田岸，少数写更。
墟	堀、区	同音	村落通名，区、堀是晚近记音字、俗字。
嘴	咀、珠、渚、芝	同音或仅声调差别	表凸出地形，咀俗字，珠、渚、芝雅字。
螯	绞、稿、皎	近音	蟹足义，吴地音搞平声，地名里表示像蟹足一样的地形，绞、稿、皎都是近似记音，个别绞村名来自绞车，过去吴地河流多埭堰，船只由绞车牵拉通过，后者念清音。
城	盛	白读仅声调差别	城白读盛平声，今昆山巴城、吴县车坊摇城（今写瑶盛）仍然如此。

通名代表字	其他用字	方言语音情况	说　明
塍	祥、墙、翔、象	同音或仅声调差别	义田岸、河堤，今口语里逐渐不使用，多写借音字。
兜	斗	仅声调差别	即浜兜，小河较宽广的尽头。
角	谷	同音	方言不说谷（山谷），村名谷是角之讹，角是常用通名。
漾	洋	仅声调之别	义水面、湖泊，今村名里多写洋，实际语音是去声，写漾音准，湖州地区即写漾。
湾	弯	同音	分化字。
搭	塔	同音	塔在很多村名里不念本音而念搭，即苏州话表示某处的搭。
宅	泽、石	同音	泽是书面字，口语里不使用，除了个别历史地名（如吴江震泽）外，苏州村名里的泽大多是宅之讹，石已排除姓氏。
港	江	仅声调差别	江在吴地只表示吴淞江、娄江等少数几条大河，今村名里的江多数是港之讹。
河	湖	同音	方言河、湖同音，湖是大水泽，从合理性考虑，以河命村应多，以湖命村应少。
保	堡	同音	吴语区地名堡有零星分布，多念保，和北方地区念"铺"不同，且前缀以数字、上下为常见，可断是过去保甲制的遗存。
洲	州	同音	方言不说洲（水中陆地），洲（州）是姓氏周的讹误，前缀多为东、南、西、北和上、下，是典型的姓氏做尾字的村名规则，洲、州是伪通名，本是姓氏周。
旺	王	白读仅声调差别	吴地村名里东旺、北旺、西旺、南旺这类，本是姓氏王，王白读旺［ɦioŋ］平声，为记白读音写旺，旺是伪通名。

2.1 统计原则

通过整理 5137 个村名，共获得 68 类通名（至少 5 个以上自然村使用，统计结果见表 1），统计原则如下：

（1）通名多数是尾字，但也出现在其他位置，比如浜：陈家浜、菱浜上、浜角头。

（2）少数村名不止一个通名，如吴泾浜，浜和泾都是通名，各自计入，因此比例总和较 100% 略多。

（3）村名中尾字"村"使用很随意，只取"某村"和"某家村"这两种必须加村的，避免混乱。

（4）有些通名，有多种同音或近音写法，但实质是记同一个词（语素）。比如嘴，吴地居民把"伸出地形"叫嘴，取鸟嘴的形象，如伸出湖面的陆地、伸出平原的山脉等，上海"陆家嘴"是伸出黄浦江的陆地。但是，有的地名求雅，把嘴写成方言同音字渚。后人不知原因，按照渚的字面义去解释。但稍了解一些小地名文化，就会发现问题：渚在苏州话里是书面字，百姓嘴里是不讲的，像这样的字词，在民间是不具备大量生成新地名条件的。这类雅字、讹字、俗字、借音字等，共发现 20 组（见表 2），下文若无特殊说明，只提"通名代表字"，默认包含"其他用字"。绝大部分误用字，农民呼之同音或只有声调差异。

（5）有些具有独立含义的不同通名，由于音同或音近，村名用字中历来互讹，今天已经很难完全理清，统计上合并为妥，减少差错，共计 2 组：塘-荡-堂、墅-市。

（6）有些通名性质相似，方便起见合并统计，共计 3 组：寺-观-庙-庵（宗教类）、都-图-扇（古代都图制）、保-甲-社（古代行政编户制）。

下文通名的语音采用吴县方言记音（胜浦镇农村口音），由于北部吴语较充分的连读变调（吴县方言亦如此），通名的调类在词调中往往趋同、抹平。如果通名不单用，有些通名的单字调很难准确提炼。出于谨慎的考虑，本表通名都不标声调。

2.2 通名基本面貌

通过统计比例，可得到苏州村名通名的大体面貌：

（1）通名数量最多是"浜"，共 816 个自然村，占 15.9%。"浜"在苏州话里指断头河，水系的末端，村落通名"浜"最多的情况符合太湖平原水网地貌和居住文化。

（2）通名无强势类型。第一位的"浜"仅仅占 15.9%，超过 5 个使用的通名类型多达 68 个，种类繁多且无寡头，具有"头小、体大、尾长"的特征。以苏州长江对岸城市泰州（属江淮官话区）做比较，泰州村落通名前四位分别是庄、舍、垛、岱，分别占 54.1%、11.1%、6.1%、2.5%[1]，第一位"庄"占 54.1%。计算双方前 20 位通名比例，绘制了对比图（见图 1）。分布结构显示，泰州村落通名属于寡头类型，曲线比较陡峭，少数几个通名占据大多数村落。苏州村落通名是无寡头典型，曲线比较平缓，通名种类多，分配相对均匀。

---

[1] 殷亮：《道光泰州志所记庄镇地名研究》，南京大学硕士论文，2013 年，计泰州村镇地名 1147 个。

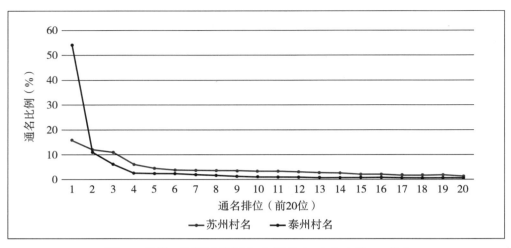

图 1   苏州–泰州村落通名比例分布对比（前 20 位）

（3）涉水村名占 55%，反映水乡泽国的地理风貌。其中水泽通名多达 15 个：浜、泾、娄、港、江、沟、浦、渎、塘、河、溪[①]（以上为河流）、漾、荡、潭、湖（以上为湖泊），水利设施通名有：埧、埭、圩、埂、堰、塍、坝、栅等。

（4）北方村名里常见的屯、营、寨、铺、堡，在苏州很少见，南方地区使用很广的溪、坑（山坳、涧溪），在苏州也很少（分别为 4 个、1 个）。华北地区最醒目的庄，在苏州排第五位，数量占 4.5%。

（5）从语言的经济角度来看，通名以数量少为合理，否则会加重记忆负担。通名繁多且无寡头的情况，除了地理因素多元外，更大的原因可能是长期历史积累造成。

3. 研究思路

以上列出了苏州村名 68 类通名，下文是对它们历史先后的探测，"探针"是其搭配的姓氏结构，并引入定量计算，该方法不依赖历史资料，是一项独立于文献的推定。本节内容讲解方法的原理和操作，使之具有可验证性，也便于他人使用。

3.1   两条基本假定

用姓氏的先后求取通名的早晚，是本文的立论基础，即"第一假定"：

和本土姓氏结合的通名类型，具有早期倾向；和移民姓氏结合的通名类型，具有晚期倾向。

武断某姓氏是本土的，还是移入的，有一定风险，因为姓氏来源是非常复杂的。不过，认为某些姓氏本土倾向和比例高、某些姓氏移入倾向和比例高，是可以从统计概率角度进行探索的。

---

①   境内溪有 4 个村名，不在上述 68 类通名之中。

判别姓氏的早、晚的倾向，采用以下"第二假定"：

（1）如果某姓氏，境内密度＞境外密度，归入 A 类，比如"陆"，在理想的自然扩散下，它们流出多，流入少，A 类姓氏的本土性、早期性概率高。

（2）如果某姓氏，境内密度＜境外密度，归入 B 类，比如"李"，在理想的自然扩散下，它们流入多，流出少，B 类姓氏的移入性、晚近性概率高。

举个眼下的例子。苏沪地区的李姓密度比北方小，陆姓密度比北方大。苏沪地区随着大量外地移民的进入，李姓的比例会不断上升，陆姓的比例会不断下降。如果 100 年后再观察，会发现，陆姓还是本地人居多，李姓则有大量是外地移民。这是对"第二假设"的直接支持。

第二假定只论概率，具体到每个姓氏，可能会有与实际违背的地方，统计计算只考虑倾向性和标本数量，个体误差可以不予理会。通过这条假定，把所有姓氏都纳入推定通名的计算范围。

在数据方面，境内姓氏密度本文使用村名里提供的姓氏比例数据（称为甲组），境外姓氏密度使用的是 2006 年全国姓氏人口数据 [1]（称为乙组）。下面将用这条原则量化为每个姓氏的扩散系数，数据见表 3。

3.2 扩散系数的获得

扩散系数用于衡量姓氏的本土性、移入性显著程度（三个步骤的第一步），是这个方法的重点，它的设定需达到以下三个要求：

（1）某姓氏在境内、境外密度接近时，扩散系数需接近 0，即不知道该姓是流出倾向还是流入倾向；

（2）某姓氏在境内、境外密度差很大时，扩散系数也要很大，反之亦然；

（3）要避免个别极端值造成的不良影响，体操比赛评分做法是去除最高分和最低分，本文做法是使用平方根函数进行降权，压制极端大数，规避意外误差。

根据以上三个要求，扩散系数设计为：

$$x = \text{sqrt.}(\max(a, b)/\min(a, b)) - 1$$

a 是某姓的境内密度（即甲组数据），b 是某姓境外密度（即乙组数据），sqrt 是取平方根，max 是取两数中大的那个，min 是取两数中小的那个。

这样，把 117 个姓氏分为三大类：

A 类姓氏：x>0，共有 63 个，它们有流出倾向（意味着本土性倾向）。

B 类姓氏：x<0，共有 52 个，它们有流入倾向（意味着移入性倾向）。

其他姓氏：x=0，共有 2 个，不能提供流动信息，统计时不使用。

---

① 袁义达、邱家儒：《中国姓氏三百大姓：群体遗传和人口分布》，华东师范大学，2007 年版。用于计算姓氏比例的总数（分母），A 组是 117 个姓氏所在的村名 1729 个，B 组是这 117 个姓氏投射到全国的总人口，即 8 亿 7391 万，而不是全部的 13 亿。这样，两组数据具备了对称的比较价值。

表 3　有效姓氏在苏州村名中的数量

	王	张	陈	陆	朱	吴	周	沈	徐	顾	姚	蒋	钱
村名中出现次数	126	109	90	81	73	59	56	49	48	44	42	41	39
含姓村名中占比（%）	7.2	6.23	5.14	4.63	4.17	3.37	3.2	2.8	2.74	2.51	2.4	2.34	2.23
扩散系数	−0.2	−0.25	−0.14	2.11	0.56	0.11	0.06	1.28	0.12	2.11	1.26	0.94	1.99

	曹	唐	李	汤	毛	许	潘	施	严	孙	倪	蔡	赵
村名中出现次数	33	32	32	31	27	24	23	23	22	22	21	21	20
含姓村名中占比（%）	1.89	1.83	1.83	1.77	1.54	1.37	1.31	1.31	1.26	1.26	1.2	1.2	1.14
扩散系数	0.5	0.43	−1.4	1.77	1.3	0.28	0.36	1.34	1.24	−0.54	1.74	0.27	−0.34

	胡	谢	范	韩	俞	刘	殷	戴	薛	袁	丘	章	陶
村名中出现次数	18	18	18	17	17	17	17	16	16	16	15	15	15
含姓村名中占比（%）	1.03	1.03	1.03	0.97	0.97	0.97	0.97	0.91	0.91	0.91	0.86	0.86	0.86
扩散系数	−0.25	0	0.39	0.06	1.46	−1.81	1.26	0.36	0.61	0.13	0.41	1.25	0.93

	翁	史	罗	何	尤	冯	葛	宋	邵	郭	苏	郁	邓
村名中出现次数	14	13	13	13	11	11	11	10	10	10	10	9	9
含姓村名中占比（%）	0.8	0.74	0.74	0.74	0.63	0.63	0.63	0.57	0.57	0.57	0.57	0.51	0.51
扩散系数	1.98	0.6	−0.24	−0.42	1.65	−0.13	0.98	−0.34	0.36	−0.68	−0.08	2.57	−0.28

	邢	谈	彭	祝	查	董	叶	龚	余	项	奚	戚	席
村名中出现次数	9	9	9	8	8	8	7	7	7	6	6	5	5
含姓村名中占比（%）	0.51	0.51	0.51	0.46	0.46	0.46	0.4	0.4	0.4	0.34	0.34	0.29	0.29
扩散系数	0.79	2.19	−0.2	0.88	1.4	−0.22	−0.28	0.32	−0.28	1.38	3.12	1.68	1.41

	郑	包	汪	廉	姜	仇	孟	吕	梁	岳	秦	费	申
村名中出现次数	5	5	5	4	4	4	4	4	4	4	4	3	3
含姓村名中占比（%）	0.29	0.29	0.29	0.23	0.23	0.23	0.23	0.23	0.23	0.23	0.23	0.17	0.17
扩散系数	−1.08	1.04	−0.3	2.39	−0.52	1.77	−0.29	−0.68	−1.34	0.7	−0.27	0.84	0.03

	洪	孔	时	虞	程	颜	储	崔	萧	屈	庞	裴	闵
村名中出现次数	3	3	3	3	3	2	2	2	2	2	2	2	1
含姓村名中占比（%）	0.17	0.17	0.17	0.17	0.17	0.11	0.11	0.11	0.11	0.11	0.11	0.11	0.06
扩散系数	−0.16	−0.35	0.68	1.06	−1.11	−0.31	0.91	−1.09	−1.76	0.25	−0.21	0.11	0

	臧	刁	仲	褚	艾	柏	姬	翟	尹	曾	易	谭	廖
村名中出现次数	1	1	1	1	1	1	1	1	1	1	1	1	1
含姓村名中占比（%）	0.06	0.06	0.06	0.06	0.06	0.06	0.06	0.06	0.06	0.06	0.06	0.06	0.06
扩散系数	0.22	0.41	0.41	0.22	0.1	0.1	0.1	−0.63	−1.04	−2.61	−0.78	−1.65	−1.83
	傅	魏	任	樊	毕	舒	柯	单	阮	祁	季	辛	鲍
村名中出现次数	1	1	1	1	1	1	1	1	1	1	1	1	1
含姓村名中占比（%）	0.06	0.06	0.06	0.06	0.06	0.06	0.06	0.06	0.06	0.06	0.06	0.06	0.06
扩散系数	−1.92	−2.29	−1.83	−0.78	−0.35	−0.22	−0.22	−0.15	−0.22	−0.29	−0.35	−0.29	−0.15

3.3　算法过程和判断方法

获得扩散系数之后的计算过程，仍以"巷"为例。对巷的姓氏结构进行量化，称之为巷的姓氏结构积分，有 A 类姓氏积分、B 类姓氏积分两个数值，为了公平对比 A、B 两组，可各取其百分比数值，其公式为：

A 类姓氏结构积分（比例值）＝（∑ax）/ 各类型积分总和，数值记为 A

B 类姓氏结构积分（比例值）＝（∑bx）/ 各类型积分总和，数值记为 B

公式中各个参数：

a：与"巷"结合的每个 A 类姓氏的出现次数；

b：与"巷"结合的每个 B 类姓氏的出现次数；

x：每个姓氏的扩散系数。

通过对比 A 和 B 的值，就可以得出"巷"的历史倾向，判断公式设置为：

判断值＝（A–B）/max（A，B）

该公式的作用是将结果值约束在 –100% 到 100% 之间，便于比较。正值反映村名类型具有早期性倾向，负值反映晚期性倾向，绝对值反映程度大小。当 A、B 相差一倍时，判断值对应是 50%。本文把 50% 列为"非常显著（★★★）"的分界线，把 10% 列为不明显的分界线，10%–50% 之间平均分两档：明显（★）、显著（★★），这样共划分成四个判断范围。

3.4　可信度与有效性验证

概率性结论须有可信度参考，样品数量越多，对随机意外的屏蔽越好，"噪声"越小，可信度越高。根据样本数量分为高、中、普通三级，为计算结果提供提示。整个计算过程由计算机编程执行。

关于算法有效性的验证，常用方法是输入一些"显而易见"的数据和结论，看是否存在偏轨。以下选择两对较明显的对比类型，"港、堰、溇、荡"和"河、坝、沟、池"，前者是土话，后者是其对应的通语。

　　统计结果显示（表4），"港、溇、堰、荡"判断值是 +23%，显示了"显著（★★）"的早期性倾向，"河、沟、坝、池"判断值是 –63%，显示了"非常显著（★★★）"的晚期性倾向。

　　计算结果符合预期，有效性验证通过。

表4　姓氏积分算法有效性验证

类别	内容	A类姓氏占有村数	B类姓氏占有村数	A类姓氏积分（%）	B类姓氏积分（%）	结果值	早期性倾向	晚期性倾向	可信度（根据样本数量）
方言代表	港荡堰溇	25	16	2.05	1.57	+23%	★★		中
通语代表	河池坝沟	20	15	1.2	3.2	–63%		★★★	中

4. 统计分析与推论

4.1　姓氏积分统计体现的通名层次

　　在 68 类通名中，含姓氏数量不少于 20 个的村落通名共有 17 个[①]，它们的计算结果见表5。

表5　通名历史层次计算结果

	A类姓氏占有村数	B类姓氏占有村数	A类姓氏积分（%）	B类姓氏积分（%）	结果值（0—100%）	早期性倾向（结果值正数）	晚期性倾向（结果值负数）	可信度（根据样本数量）
浜	203	96	16.58	16.07	3%	不明显	不明显	高
里	145	79	13.18	11.61	12%	★		高
巷	106	59	8.97	7.05	21%	★		高
村	93	68	7.28	9.19	–21%		★	高
桥	106	53	8.28	5.64	32%	★★		高
埭	80	37	7.29	5.74	21%	★		高
庄	39	35	2.46	6	–59%		★★★	高
角	35	21	1.93	2.79	–31%		★★	中

　　[①]　包含姓氏数量少于 20 个的村落通名，样品少，可信度低，不再单独列出，但可以聚类分析，见下文。

	A类姓氏占有村数	B类姓氏占有村数	A类姓氏积分（%）	B类姓氏积分（%）	结果值（0—100%）	早期性倾向（结果值正数）	晚期性倾向（结果值负数）	可信度（根据样本数量）
湾	31	21	2.32	3.66	−37%		★★	中
场	37	12	2.93	2.08	29%	★		中
泾	26	18	2.38	4.16	−43%		★★	中
港	21	14	1.5	1.06	29%	★		中
舍	21	8	2.26	0.92	59%	★★★		中
河	16	8	0.65	1.56	−58%		★★★	中
坞	12	9	1.12	1.76	−36%		★★	中
圩	13	7	1.25	1.08	14%	★		普通
墩	12	8	0.93	0.77	17%	★		普通

由表5得到以下结论：

显示早期性倾向（正值）的通名有9个：里、巷、桥、埂、场、港、舍、圩、墩。

显示晚期性倾向（负值）的通名有7个：村、庄、角、湾、泾、河、坞。

不明显的有1个：浜。

注意，姓氏积分统计方法体现的不是通名产生的起始年代，而是其高产能期，得到的年代层次关系见表6。

表6 姓氏积分统计体现的通名历史层次

	高产能期顺序（早＞晚）	强度值（越大越显著）	可信度（含姓村名数量，越多越可信）
聚落通名	巷＞里＞村＞庄	21%>12%>–21%>–59%	高-高-高-高 165-224-162-74
宅舍类通名	舍＞宅	59%>24%	中-低 28-10
河流类通名	港＞浜＞泾＞河	29%>3%>–43%>–58%	中-高-中-中 35-299-43-24
山间平地通名	场＞坞	29%>–36%	中-普通 49-21

4.2　姓氏积分统计体现的移民历史

表 7 是对部分通名的聚类，比如将地理类型分为河湖和山地两类，用以观察移民的选择性，共得到 7 类：

A 类姓氏（本土倾向）在以下类别上获得比例优势：

（1）财富类（田、地、场、园、弄、店）

（2）屋宅类（舍、宅、房、屋、门）

（3）水利类（圩、堰、坝、塸、埂、塍、岸）

B 类姓氏（移入倾向）在以下类别上获得比例优势：

（1）山区类（山、坞、岭、岗、涧）

（2）边角类（角、尖、沿、嘴、滩、海、搭）

（3）水泽 A 类（河、池、沟、泾）

A、B 两类姓氏在以下类别中显示为"不明显"：

（1）坟墓类（坟、墓、墩）

（2）水泽 B 类（浜、港、溇、塘、荡、漾、浦、渎、潭、溪）

表 7　通名的聚类计算结果

类别	通名集合	A 类姓氏占有村数	B 类姓氏占有村数	A 类姓氏积分（%）	B 类姓氏积分（%）	结果值	A 类姓氏结合倾向	B 类姓氏结合倾向	可信度（根据样本数量）
水利类	圩堰坝塸埂塍岸	113	58	9.04	7.95	12%	★		高
财富类	田地场园弄店	67	23	4.66	2.81	40%	★★		高
房屋类	舍宅房屋门	38	17	3.23	1.38	57%	★★★		中
山区类	山坞岭岗涧	50	43	3.39	5.81	−42%		★★	高
边角类	角尖沿嘴滩海搭	47	27	2.43	3.91	−38%		★★	高
坟墓类	坟墓墩	28	18	1.4	1.3	7%	不明显	不明显	中
水泽类 A 类	浜港溇塘荡漾浦渎潭溪	237	125	16.75	16.61	1%	不明显	不明显	高
水泽类 B 类	河池沟泾	42	30	2.52	5.75	−56%		★★★	高

通过聚类分析，可以获得诸多的历史移民信息，表中使用了百分比数据，这样对比更为公平，下面简要分析一下。

（1）本土姓氏集团占据财富优势

A类姓氏（本土倾向）在桥类村名、财富类（田、地、场、园、弄、店）和屋宅类（舍、宅、房、屋、门）三大方面，分别获得"明显（★）、显著（★★）、非常显著（★★★）"的优势（指比例而非绝对数量，以下同）。"田、地、场、园、弄、店"直接反映财富和家族实力，"舍、宅、房、屋、门"反映家宅的风光和显赫，"桥"反映乡绅富户捐修情况，体现财力和社会爱心。这些数据综合显示，本土姓氏集团在村名形成的长期历史里占据经济财富优势，移民在经济方面相对弱势。

（2）本土姓氏在修建大型水利设施中占据优势

在水利类（圩、堰、坝、堪、埂、塍、岸），A类姓氏（本土倾向）获得"明显（★）"优势，即以本土姓氏命名的水利设施的比例较高，本地姓氏集团在开发太湖地区水利、建设农业方面发挥更多作用和贡献。

（3）移民较多进入苏州山区

山区地理类包含"山、坞、岭、岗、洞"5个通名。从数据看，B类姓氏（移入倾向）在山区类型上获得"非常显著（★★★）"的优势。这显示，移民群体进入山区较多，他们把自己的姓氏印在了山地村名中。

（4）移民在边角地带建立村巷

边角地带类包含"角、尖、沿、嘴、滩、搭、海"7个通名（海在地名里指方位，不是海洋），都算不上好地方，这个类里，B类姓氏（移入倾向）获得"显著（★★）"优势。在人满为患的年代里，好的地理资源都已有主，移民在边角地带安营扎寨，滋生村巷，是比较符合常理的推测。

（5）"庄"反映的移民权贵阶层

境内庄村名有232个，占苏州自然村名第5位。B类姓氏（移入倾向）在庄类型上显示了"非常显著（★★★）"的优势。庄原是田产、庄园，是权贵、富豪或政府的产业，某家庄里没有某姓是常态，庄主的家宅常在城里，庄里居住的通常是佃农。苏州含"庄"村名和B类姓氏的亲密度显示，历史上曾有较多权贵、富商来到苏州，通过购置、政治权利等方式获得土地，形成庄。庄也有很多政府开办的，通常叫"官庄"，境内只有1个（比例0.4%，低于全国1.8%的水平）。庄也公益慈善性质的，常叫"义庄"，境内也有1个。历史上，庄的概念在华北地区泛化扩大，和原始义"田产"脱离，成为村的代名词。苏州地区没有发生泛化，不能将村称为庄，庄仍是作为田庄狭义固化在村名里。

（6）坟墓类村名反映的文化面貌

坟墓类包含坟、墓、墩3个通名，共涉及含姓村名46个。A类姓氏和B类姓氏对此类的选择不明显。平民的坟墓很难成为地名，能成为地名的必是大族、权贵、名流的坟墓，推测移民群体中亦包含精英阶层，他们形成坟墓地名。

（7）水泽类所显示的本土和移民特征

水泽类分为传统方言通名的A组和较新通名的B组，A组包含"浜、溇、塘、荡、漾、浦、渎、潭、溪、港"10个通名，B组包含"河、沟、池、泾"4个通名。A组结果值为"1%"，不体现明显的差异。B组结果值为"−56%"，显示了B类姓氏（移入倾向）具有"非常显著（★★★）"的优势。在平原地区，A类姓氏占有财富类通名、宅屋类通名的优势，而B类姓氏以水泽地理命名的村名的比例更多一些，但主要体现在河、沟、池这类较新的通名中。

（8）总览

以上 7 类数据，可为近古苏州农村地区移民历史提供参考，从中可得到如下历史信息：

在形成苏州今天姓氏结构的移民运动中，无经济地位的贫民阶层移民占绝大多数，他们到达苏州时，较好的地理资源已经被土著占据，他们较多地进入苏州西部山区以及湖荡平原的边角地带，在山地村名、边角类村名里印上了自己的姓氏痕迹。通过庄的数据，可以看到，有数量可观的权贵、官商等财富阶层来到苏州，他们购置田庄，形成了大量庄村名，使得庄村名带有大量移入姓氏的特征，他们中有的在苏州安家定居，死后葬在苏州，形成坟墓类村名。尽管有移民不断进入，在苏州长期历史中，本土姓氏集团占据财富优势，一致性地体现在桥梁村名、田宅财富类村名、水利设施村名中。

4.3　姓氏积分统计的独立性

以上通名层次、移民史的结论由"姓氏结构积分"方法独立得出，可与其他研究方法进行互证。这些结论里，有些地方是很意外的。比如，泾、坞是吴语区很特色的通名，但从计算结果来看，坞和泾的高产能期偏晚，和移入型姓氏的结合比例偏高，属于晚起的、移入性的地名。下面试着解释一下原因。

（1）坞

就全国范围来看，坞（山坳义，吴语区俗字，和古代字书里的坞无关）主要分在吴语区，尤其集中于浙江中西部山区。在苏州西部山区，坞指两山之间的小平地，是苏州西部山区使用最多、最重要的通名，山村多滋生于此。在西山（太湖中最大的岛山）农民心目中，山多不稀奇，坞多才富有，过去西山地主以拥有坞的数量为身价。在苏州山区，小平地叫坞，大平地叫场，如西山"戚家场"，平坦开阔，是山间难得的优质平地。苏州村名"某家场"中的某姓，一般都是过去大地主家族。由上文结论知，场的判断值是 +29%，显示"明显的本土性、早期性倾向"。据此推测，早期居民占有山区较好的资源，造成场村名，所以场和本土类姓氏结合紧密；晚期移民进入山地，条件稍差一些，形成坞村名，所以和移入类姓氏结合紧密。语言方面，坞、场地名都是本地吴语。

（2）泾

泾作为河流通名主要分布在太湖平原，泾在苏州地名里一般有以下特点：

（a）喜欢冠以双、四（写成泗）等数字，村名带双的有"双泾沿（北桥镇）、南双泾（蠡口镇）、双泾上（木渎镇）"，带泗的有"吴泗泾（望亭镇）、泗泾岸（湘城镇）"，《吴中水利全书》里还记载七泾 2 条，八泾 1 条，九泾 1 条，塘也有这个特点，港、溇则很少。

（b）叫"横泾"的特别多，境内有 19 个村名叫"横泾"，横指跨越主干河道，多为后期新开河流。

（c）叫"官泾"的也有不少，《吴中水利全书》里记载 7 条，和塘、溇同，和港异。

（d）名字常有表示笔直、径直的意思，如"箭泾（藏书镇）、直心泾（胥口镇）"。

根据以上四点，推测泾是历史上规模化开凿的河流，而且高产能期比较集中，因为它常用数字命名，表明短时间内出现了很多。移民运动发生的准确时间，上文算法是无法得出结论的。通过观察"泾"的文献资料，再结合"姓氏结构积分"显示泾的晚期倾向（与移入类姓氏结合比例偏高），可以推测：苏州历史上最后一次大规模移民，不会晚于明代中期。使用的文献信息有以下四条：

（a）汉《越绝书》记载吴地河流用词较多，有浦、溇、水道、陵道等，但尚无泾、港。

（b）泾作为河流通名，在11世纪《郏亶上水利书》[1]里已萌芽（72条次，该文记录吴地较重要河流277条次）。

（c）泾作为村名，在16世纪《姑苏志》里已较多出现（13村，占吴县、长洲县村名数量第二位）。

（d）泾在17世纪《吴中水利全书》[2]里已枝繁叶茂（419条，占吴县、长洲县河流数量第一位）。

由上可见，泾名河流在北宋吴地已经萌芽，在明代中期，泾名河流已大量出现在太湖平原上，成为数量第一的河流通名。泾在"姓氏结构积分"中显示的晚期倾向为所有通名提供了一个时间参考：即在明代中期，今天所见到的苏州地区的村名类型、姓氏格局已经定型。

4.4　姓氏积分统计的局限性

姓氏积分方法存在一定的局限性，在使用时应当知其不足：

（1）对于民系和族群突然中断、移民整体替代、地名毫无传承关系的地区，该方法不能适用。

（2）带姓村名的产生年代偏晚，可能唐以后姓氏类村名才大量出现，因此无法追踪更早的地名。

（3）姓氏积分方法需要统计大量地名才能可信，最早期地名的遗留量必然不多，少量底层地名难以在这种方法中奏效。

（4）综合考虑2和3，姓氏积分方法所能研究的村名历史区间大体是：宋–元–明–清–现代，约一千年历史。如果江南地名存在底层（古越语地名）、中间层（南方方言地名）、表层（北方书面语地名）三部分的话，"姓氏结构积分"方法所能触及的是后面两个部分。

5. 形成原因探讨

以上苏州地区村名通名的历史层次，体现的是移民的语言，还是时代文化的叠加？

就苏州地区而言，应是后者，即村名多样性来自各个时代流行命名法的叠加，由于苏州地区地名文化长期延续，使得叠加的层次很厚。

这个结论，来自以下三个基础：

（1）中古以来苏州地区的人口传承。六朝时期吴郡四姓"陆、顾、朱、张"和江东两大武族"沈、周"至今仍是苏州地区大姓（这六姓在苏州村名姓氏排名中全部进前10位，在今苏州户籍人口中全部进前11位[3]），可以判断自汉末到今天，苏州地区主体居民结构大

① ［明］张国维：《吴中水利全书》，第十二卷。
② ［明］张国维：《吴中水利全书》，第五卷。
③ 陆、顾、朱、张、沈、周六姓人口排位分别为（苏州村名里排位/全国排位）：4/70、10/81、5/14、2/3、8/37、7/9。村名姓氏排位数据来源于本文统计，苏州户籍姓氏比例数据来自2005年苏州市地方志办公室姓氏调查，区域为苏州市区（含吴中、相城、园区、高新区），全国姓氏数据来自袁义达、邱家儒：《中国姓氏三百大姓：群体遗传和人口分布》(华东师范大学2007年版)。

体稳定，土著民系的历史延续性尚好。

（2）本土语言的历史。保守看，太湖地区吴语在唐代已和北方话分离（源头可能更早一些），并稳定传承至今，外来移民在语言方面以融入为主。

（3）近500年来的村名传承。明正德年间《姑苏志》是最早大量记录苏州村名的文献，共记录境内391个村名①，其中大多数村名沿用到当今（大拆迁前）。由此可知最近500年来，苏州地区自然村村名传承很稳定。

移民史有两种，一种是反客为主、换血替代型，一种是融合、融入型。根据以上三个基础，可判断苏州地区中古以来移民类型属于后一种，即在土著民系人口、经济文化占优势的条件下接纳难民和移民。

历史上，通用语地名（通常来自北方权威方言）借助文教传播、行政指定等优势不断进入太湖地区，并和方言地名展开竞争，形成叠压，新老并存。有些通名在早期有含义差别、新旧差别，后来慢慢趋同，形成一组同义词。有些通名虽保留在地名中，但在人们口语里已不使用，甚至连含义也被忘记，成为石化词，比如墟（村落）、埧（大堤）。根据遗迹性即古老性的经验，从石化程度的不同，尚可大体感受到它们的历史关系（见表8）。

表8　从通名"石化程度"推测的通名先后顺序

类　　别	越右越晚
聚落通名（即村）	墟 → 巷、里 → 村
挡水坝	埭 → 堰 → 坝
堤岸	埧、塍 → 埂 → 岸
大型开凿河流	浦 → 塘 → 河
中小型开凿河流	渎 → 泾、港 → 河
沟	渎 → 娄 → 沟
浅水湖	漾 → 荡 → 湖
蓄水池	潭 → 池
田产	墅 → 庄 → 田
屋宅	舍 → 宅、屋 → 房
山坳	坑 → 坞 → 湾
凸出地形	鳌 → 嘴 → 角

表8对历史顺序的判断仅从通名的语言活力、通用语使用情况得出，与上文"姓氏结构积分"的结论互为独立。三段用词中，箭头最左边的词，语言中活力最低，多数属于地

---

① ［明］王鏊：《姑苏志》，第十八卷。

名残迹性使用，过半在今天口语中已不能自由组词；箭头最右边的词，是通用语地名，最新的覆盖层；箭头中间的词，多数是目前农村语言中活力尚好、地名中使用较多的通名。三段用词，大体反映了早、中、晚三个历史时期。

　　还有一些吴地文献里很有特色的水泽用词，如泖、沥、洪、瀼，今苏州中心地区已很少使用了，保留在周边的松江、嘉定、昆山、太仓、常熟、嘉兴等地。对于通用语地名，像"池、坝、河"等新词眼，尚能分辨出来，有些传入时代较早的通用语地名，已经不是一眼能看出来了。

　　即便如此，苏州村名仍保持着区别于北方的强烈个性和特色。

参考文献

蔡佞. 19 世纪末的苏州话［C］// 第五届国际吴方言学术研讨会论文集，2008.

陈忠敏. 吴语及其邻近方言鱼韵的读音层次［J］. 语言学论丛，2003（27）.

金友理. 太湖备考［M］. 南京：江苏古籍出版社，1998.

李如龙. 地名中的古音［J］. 语文研究，1985（2）.

刘丹青. 吴江方言［g］声母字研究［J］. 语言研究，1992（2）.

潘悟云. 汉语南方方言的特征及其人文背景［J］. 语言研究，2004（4）.

石汝杰，（日）宫田一郎（主编）. 明清吴语词典［M］. 上海：上海辞书出版社，2005.

王建革. 泾、浜发展与吴淞江流域的圩田水利（9—15 世纪)［J］. 中国历史地理论丛，2009（2）.

翁寿元. 无锡、苏州、常熟方言本字和词语释义［M］. 苏州：苏州大学出版社，2014.

张国维. 吴中水利全书［M］. 杭州：浙江古籍出版社，2014.

郑伟. 吴方言比较韵母研究［M］. 北京：商务印书馆，2013.

周振鹤，游汝杰. 古越语地名初探：兼与周生春同志商榷［J］. 复旦学报·社会科学版，1980（4）.

中国农业科学院，南京农业大学中国农业遗产研究室太湖地区农业史研究课题组. 太湖地区农业史稿［M］. 北京：农业出版社，1990.

论内外转的语音基础*

华东政法大学　毕谦琦

内容提要　本文根据内外转在中古文献、现代汉语方言和民族语汉借词中的不同语音表现，论证了中古时期内外转的语音基础为由调音造成的元音松紧对立：外转表现为紧元音，内转表现为松元音。

关键词　内外转；元音长短；元音松紧

1. 内外转语音基础的传统解释

内转和外转是很重要的等韵学术语，早期的《韵镜》、《七音略》，晚期的《切韵指掌图》、《四声等子》，都使用这一术语。另外，汉语方言学、民族语研究领域也涉及这一术语。但是，早期韵图并没有对内转和外转的语音基础作出说明，学界对内外转语音基础的看法也存在很大分歧。

最早关于内外转的解释出现在《四声等子》和《切韵指掌图》中。《四声等子》："内转者，唇舌牙喉四音更无第二等字，唯齿音方具足；外转者，五音四等都具足。"《切韵指掌图》的解释除文字微异外，基本和《四声等子》相同。两种韵图认为内转唇舌牙喉音声母没有真正的二等字，外转四等俱全，有真正的二等字。这个解释只是说明了内外转在声韵搭配上的差异，并未触及内外转的语音基础。

最早言及内外转语音区别的是清代的江永，江氏在《古韵标准》中说："二十一侵至二十九凡，词家谓之闭口音，顾氏合为一部。愚谓：此九韵与真至仙十四韵相似，当以音之侈弇分为两部。神珙等韵分深摄为内转，咸摄为外转，是也。"（第十二部总论）意即内外转的区别在于开口的大小之别，开口度大为外转，开口度小为内转。江氏仅涉及咸深二摄，也未作深入论证。

二十世纪以来，随着现代语言学的发展，学界开始用现代语音学的理论来解释内外转的语音基础，日本的学者津高益奥、大岛正健、大矢透等都从主元音入手研究内外转，都认为是元音开口度大小之别，但他们的研究同时又和四等概念纠缠在一起，参考价值不大，对此，罗常培（1933）已有详细综述。上世纪三十代我国学者开始研究内外转的语音基础，提出了多种解释，其中，最有价值的两篇文章是罗常培（1933）的《释内外转》和俞光中（1986）的《说内外转》，这两篇文章分别代表了两种观点：舌位高低说和元音相对高低说。

先来看舌位高低说。罗常培（1933）《释内外转》是国内第一篇以现代语言学的视角

①　本文受国家社科基金一般项目（项目编号：17BYY217）资助。

来研究内外转语音基础的论文，该文继承了江永的"侈弇说"和日本学者的"开口度大小说"，以高本汉的《切韵》音系拟音为参照，得出结论"内转者，皆含有后元音 [u]、[o]，中元音 [ə] 及前元音 [i]、[e] 之韵；外转者，皆含有前元音 [e]、[ɛ]、[æ]、[a]，中元音 [ɐ] 及后低元音 [ɑ]、[ɔ] 之韵。"简言之，内外转表示的是元音舌位高低的区别，内转为前高元音，外转为后低元音。并将元音四边图分为上下两个部分，上部为内转，下部为外转。罗常培的这篇文章是首篇详细论证内外转语音基础的文章，材料丰富，论证扎实，结论也很有启发。但是罗氏的"主元音弇侈说"也有诸多不完美之处，如：有的 e 元音韵摄属于内转，有的 e 元音属于外转，为何同一个元音分属内外转缺乏说服力。又如，罗氏为了符合自己的说法，仅仅根据某一版本的韵图改变韵摄的内外转性质。如将果摄和宕摄由内外转改为外转就是如此。

舌位高低说还有如下更严重的缺陷。如果内外转是舌位高低之别的话，无法解释后世内外转不同的变化趋势，比如，汉代的韵部模 *a 侯 *o 豪 *u，到了《切韵》时代都高化了一个舌位：模 *o 侯 *u 豪 *ɑu。但是我们发现，内外转不同的韵摄，后世的演变道路不同。中古外转韵摄在后世各地方言中发生了高化，而中古内转韵摄后世在各地方言中发生了低化，如：现代粤语和平话的效、咸、山摄主元音发生了从前低元音 *a 到前高化为 i 的高化；而现代粤语和平话的流、臻、深摄主元音发生了从前低元音 *ə、*ɨ、*i 到低元音 ɐ 的低化。这些都说明内外转绝对不是简单的舌位高低之别。

再来看元音相对高低说。俞光中（1986）改良了罗常培的观点，认为内外转包含两个维度的对立，一是韵尾相同的摄两两对立形成内外转，表现是内转的主元音舌位高于外转。二是所有内转韵摄和所有外转韵摄形成对立。俞光中认为内外转的本质还是开口度的大小（即"侈弇"），其他如元音长短、松紧、韵尾强弱都是伴随特征，并指出内外转是两两相对，是相对舌位高低而非绝对舌位高低，这比罗常培元音舌位绝对高低说进了一步。张玉来（2009）继承了俞光中（1986）的观点，用邵荣芬（1982）和郑张尚芳（2003）的中古音拟音体系来和内外转对比，认为内外转就是韵摄间的两两对比，而不是绝对元音高低的对比。认为"内转摄一等韵系和三等韵系总是同韵腹，韵腹常常是后或高元音，所以，内转韵系的韵腹都普遍较高。""外转中一等韵系的韵腹是低元音，二、三兼等的韵系或二、三等相配的韵系的韵腹也是较低的元音，只有三等和四等相配的韵系的韵腹元音可能存在高元音问题。"张氏指出内外转的关系大致是：低元音对应外转，高元音对应内转。

元音相对高低说是一大进步，主要在于指出了内外转是两两相对的一种概念，其舌位高低是两两对比得来的，而不是绝对舌位高低。但是，元音相对高低说也有不能解释的地方。比如宕摄的主元音 ɑ 要比江摄的 ɔ 低，为什么宕摄是内转而江摄是外转？果摄的主元音 ɑ 和假摄主元音 a 舌位基本一样高，为什么假摄是外转而果摄是内转？此外，遇摄和通摄都没有相对的摄，为什么都列为内转而非外转？这也是元音高低说不容易解释清楚的。

2. 从内部材料探寻内外转的语音基础

我们认为，内外转是中古汉语音系的术语，要探寻内外转的语音基础，最好从中古汉语内部来寻求答案。基于这种认识，本文试图从下面几个角度来寻求解答内外转的语音基础。

第一，我们从字面上来理解"内外"所包含的术语信息。所谓"内"，应该和下列语音特点有关：开口度相对较小，舌位靠后，舌根相对靠后，共鸣腔体积较小，听感上音色较为含混等。所谓"外"，应该和下列语音特点有关：开口度相对较大，舌位靠前，舌根相对靠前，共鸣腔体积较大，听感上音色较为清晰洪亮等。我们认为，古人之所以使用"内外"来为这一音系特征命名，其语音表现一定和上述语音信息有关，否则难以解释古人命名这一术语时为何要选用"内外"二字。

第二，我们再来看一些汉语史上有关描述语音内外的训诂材料。汉语史上"内外"主要是在汉魏时代的经师注音中使用，周祖谟《颜氏家训音辞篇注补》共找到四例内言、外言的材料，我们通过分析这四则材料来帮助我们理解内外的含义。

材料一：《公羊传·宣公八年》"曷为或言而，或言乃?"何休注："言''乃'者内而深，言"而"者外而浅。

由于"乃"*nɯɯʔ主元音舌位靠后，所以何休说"内而深"。"而"*njɯ由于有j介音的影响，韵母整体靠前，所以何休说"外而浅"。这里的内外是舌位前后的区别，从听感上来讲，前者听感含混，后者听感清亮。

材料二：《汉书·王子侯表上》"襄嚵侯建，晋灼嚵音内言龑兔。"

"龑"《广韵》"士咸切"，咸韵二等。"嚵"故宫本《切韵》"自染反"，盐韵三等，颜师古注作"士咸反"二等。可知"嚵"有二等和三等两读。二等为内言，三等为外言。三等带i介音，比二等带ɣ介音听感上清亮。

材料三：《汉书·王子侯表上》"猇节侯起，晋灼猇音内言鸮。"

"鸮"《广韵》"于娇切"，宵韵三等，"猇"《广韵》有胡茅、许交、直离三切，其中"直离切"此处可以不用考虑。胡茅、许交二读是声母清浊的差别，韵都是肴韵二等。"晋灼猇音内言鸮"即将三等带i介音的宵韵读为带ɣ介音的二等肴韵。三等的外言比二等的内言听感清亮。

材料四：《尔雅·释兽》"貘貐，类貙，虎爪，食人，迅走。"《释文》"貘：字亦作㹮，或作㝜，诸诠之乌八反，韦昭乌继反，服虔音翳，晋灼音内言鎎，案《字书》鎎音噎。"

鎎《字书》鎎音噎，《广韵》噎乌结切，屑韵四等。周祖谟引《淮南子·本经篇》"㹮貐凿齿。"高诱注："㹮读车轧履人之轧。"轧《广韵》"乌黠切"，黠韵二等。认为内言即黠韵二等的读音。我们也可按照《释文》引《字书》"鎎音噎"理解为内言即指四等读音"音噎"。总之，带i介音的音节为外言，不带i介音的音节为外言。

另外，还有一条涉及内外的材料，也非常有助于我们理解内外的含义。《悉昙藏·持名禁戒品义释》"当知开口出声即是'阿'字之声也。上文俄、若、挐、那、摩并上声，虽云离'阿'声，然'阿'有内外，若外声虽无，然不得离'阿'字内声，内声即谓喉中'阿'声也。"(《悉昙藏》卷三)

从这段话中可知，"开口出声"的a属于外声，发音部位靠前，听感清亮。与之相对ɑ或ə、o属于内声，发音部位靠后，听感含混。

通过上述文献材料，我们发现，外言、外声就是音感清亮的元音或音节，内言、内声就是听感含混的元音或音节。这一解释可帮助我们理解韵图的内外。我们认为，韵图制作者所谓的内外，是依照字面意思来作为内外转的定义，韵图所谓的"内外"一定是从听感来区分的，所谓外，即发音清晰响亮的元音。所谓内，即发音比较含混的元音。

第三，我们通过观察内外转在宋代音系中的分布来检视我们上述分析。我们选取北宋时代具有代表性的语音材料来和内外转进行对比。邵雍的《皇极经世·声音倡和图》根据北宋首都开封和洛阳一代的实际语音制作而成，是反映北宋语音的非常重要的材料。《倡和图》将北宋汴洛方音分七声，每声内部又再分为两组，正好是对立的内外二转。下面我们根据周祖谟《北宋汴洛方言考》一文对《倡和图》进行整理。

表 1 《皇极经世·声音倡和图》韵摄和拟音

	对应韵摄	周氏拟音 [①]	对应韵摄	周氏拟音
一声	果假_{二摄合并}	a	蟹摄_{一等}	ai
二声	宕江_{二摄合并}	aŋ	梗曾_{二摄合并}	əŋ
三声	山摄	an	臻摄	ən
四声	效摄	au	流摄	ou
五声	蟹_{四等}止	i（ɿ精组 ʅ知组）	止合口	ei
六声	通摄	uŋ	遇摄	u
七声	咸摄	am	深摄	im

通过周氏的拟音可以发现，外转韵摄主元音基本都是正则元音 a、i、u，而内转韵摄的主元音为非正则元音或复元音 [②]。正则元音在听感上要比非正则元音和复元音清亮，所以，上述材料也符合外转听感清亮，内转听感含混这一特征。

外转主元音为正则元音，听感清亮，内转主元音为非正则元音，听感含混这一特征也正好能解释遇摄和通摄都没有相对的摄，为什么都列为内转而非外转？遇摄和通摄的内外转在各个韵图中是一致的，都定为内转。通摄和遇摄的情况是比较特殊的，其他的韵摄都有两两对立的韵尾相同的韵摄，而通摄和遇摄则没有。所以以往对遇摄和通摄为什么都为内转没有做出很好的解释。我们从主元音听感清亮和含混的对立来看这个问题，就比较容易理解：遇摄的模虞鱼三韵，在中古早期为 o 和 ɔ。通摄主元音为 u 和 o，它们的一个共同特点是，听感上更接近含混的内转韵摄，所以，韵图将其定为内转。

此外，外转主元音为正则元音，听感清亮，内转主元音为非正则元音，听感含混这一特征也正好能解释早期韵图和晚期韵图内外转的历史演变。下面我们来看几个韵摄的内外转的历史演变情况。涉及早期韵图和晚期韵图内外转变化的韵摄有假摄和果摄；宕摄和江摄；梗摄和曾摄。

在早期韵图中，果摄为内转，假摄为外转，到了晚期韵图中，如《切韵指掌图》、《四声等子》、《经史正音切韵指南》中，果假同图。虽然《切韵指掌图》在前面《辨内外转例》记果摄为内转，假摄为外转，但在后面的韵图中，却将果假合并在同一张图中。这种变化

---

① 为了简便醒目起见，拟音不涉及开合介音和入声韵。

② 上表深摄拟音 im 实际读音有一个央元音 ə，即 iəm，不包含介音即为 əm。

的合理解释应当是，到了中古晚期，音系简化，果假二摄合流，果摄合并于假摄，《切韵指掌图》和《四声等子》前边的《辨内外转例》只是承袭传统说法，而后面的韵图才是根据实际语音制作的。也就是说，果摄发生了从早期的内转到晚期的外转的转变。中古果摄的主元音是非正则的后ɑ，所以早期韵图定为内转。中古假摄的主元音是正则元音a，韵图定为外转。果假二摄合流之后的主元音都是正则元音a，所以果摄实际上由内转演变为了外转。这个也反映在《倡和图》上，《倡和图》也是果假同格，为外转，与蟹摄相对立。

韵图记宕摄为内转，江摄为外转。但是晚期韵图如《切韵指掌图》、《四声等子》等韵图宕、江同图。也可见宕、江二摄合流。中古宕摄的主元音是非正则元音后ɑ，而江摄的主元音是正则元音ɔ。到了中古晚期，宕江二摄合流。从《倡和图》和后世汉语方言来看，二摄的主元音合并为正则元音a，也就是宕摄实际上从内转变为外转。

需要注意的是，《切韵指掌图》是将江摄合并于宕摄的合口图中。《四声等子》是将江摄合并于宕摄的开口图中。这主要是由于江摄本属开口，但是到了中古后期，江摄知组、庄组、来母的字读合口，其他声母的字仍读开口，造成一韵之内分化出开合两呼，故《经史正音切韵指南》则将江摄单独列图，并明确标出帮组、见组、晓组为开口，知组、庄组、来母为合口，这是《经史正音切韵指南》较《切韵指掌图》和《四声等子》谨慎细致之处。

梗摄和曾摄的情况也与上面的果假、宕江类似。韵图记梗摄为外转，曾摄为内转。但是到了晚期韵图如《切韵指掌图》和《四声等子》二摄同图，这是二摄合并的表现。

3. 从汉语方言和侗台语汉借词探寻内外转的语音基础

听感清亮与听感含混是一种感性的描述，这一对立特征在现代语音学上到底属于什么区别特征，这是需要得到进一步揭示的。我们可以通过观察内外转在现代汉语方言和民族语借词的表现来解答这一问题。

内外转在现代汉语方言和民族语汉借词中有不同的表现。我们先来看内外转在粤语和平话中的表现。在粤语和平话中，内外转大致和元音长短相配，内转对应短元音韵摄，外转对应长元音韵摄，这是很多学者已经指出了的（俞立中1986、李新魁1995、潘悟云2013）。由于语音历史演变，开音节的韵摄元音变化幅度很大，在鼻音韵尾韵摄中这一对立仍然非常清晰。如广州粤语：咸摄 am/p、im/p，深摄 ɐm/p；山摄 an/t、in/t，臻摄 ɐn/t、œn/t；梗摄 aŋ/k，曾摄 ɐŋ/k。长元音 a 发音时间长，发音到位，听感清亮，而短元音 ɐ 则发音时间较短，为非正则元音，听感含混。平话的情况和粤语基本相同。

侗台语的元音系统普遍存在长短元音对立，有的语言每个元音都分长短，如黎语、壮语、布依语、毛难语等，有的语言只有一个元音分长短，如侗语南部方言、水语等，有的语言所有元音都不分长短了，如侗语北部方言。从历时来看，早期的侗台语应该是每个元音都分长短的（梁敏，张钧如1996）。侗台语中长短元音 a~ɐ、i~ɪ、u~ʊ、e~ə、o~ɔ 等之间的对立和粤语 a~ɐ 类似，都是前者听感清亮，后者听感含混。

侗台语中有大量的中古汉借词，这些汉借词已经和侗台语本族词完全融合，本族人完全感觉不到是汉语借词。通过观察这批借词的内外转语音表现，有助于我们揭示内外转的语音基础。台语支我们仅举壮语，侗水语支我们仅举侗语，这两种语言汉借词的表现可以代表侗台语大致的面貌。

壮语中古汉借词的内外转表现如下表。

表 2　壮语中古汉借词内外转的表现

内转	龙州	武鸣	例字	外转	龙州	武鸣	例字
果	a	a	歌锣锁过	假	a i	a e	茶沙车写
遇	o ɯ	ø aɯ	路墓初书				
止	ai i	ai i	箆二四为	蟹	a:i ai io:i	a:i ai ø:i	海败迷媒
流	au	au	楼流九秋	效	a:ui:u	a:ui:u	老灶硝鹞
深	am/p im/p	am/p im/p	沉心金十	咸	a:m/p i:m/p	a:m/p iə:m/p	胆腊镰贴
臻	an/t in/t	an/t in/t	恩信银笔	山	a:n/t i:n/t u:n/t	a:n/t iə:n/t u:n/t	难八仙睏
宕	a:ŋ/k i:ŋ/k	a:ŋ/k iə:ŋ/k	钢索唱墙	江	a:ŋ/k o:ŋ/k	a:ŋ/k ø:ŋ/k	窗讲双角
曾	aŋ/k əŋ/k iŋ/k	aŋ/k iŋ/k	灯凳墨息	梗	e:ŋ/k a:ŋ/k i:ŋ/k	e:ŋ/k a:ŋ/k iə:ŋ/k	百客病尺
通	o:ŋ/k uŋ/k	o:ŋ/k ø:ŋ/k	冬脓独钟				

侗语中古汉借词的内外转表现如下表。

表 3　侗语中古汉借词内外转的表现

内转	车江	石洞	例字	外转	车江	石洞	例字
果	ao	a	歌窃货	假	e a	e a	马也嫁瓦花
遇	u oəu	ou	五箸初				
止	iuioi	iui	纸吹	蟹	ɐi ai e ai i oiəi	aioiəii	开退太怪街岁替
流	oəuəu	əuiu	豆钩收	效	aueuiu	aueuiu	老豹轿硝了挑
深	əm/p	əm/p	金十	咸	am/pim/p	am/pim/p	南蜡
臻	ən/tɐn/t	ɐn/t ən/t	银信栗寸匀戌	山	an/t en/t in/ton/t	an/tin/t	炭擦伴抹
宕	aŋ/kiŋ/k	aŋ/k	帮各香鹊	江	aŋ/kiŋ/k	aŋ/k	讲学镯
曾	əŋ/kəŋ/k	əŋ/kaŋ/k	凳墨升值国	梗	eŋ/kiŋ/k	əŋ/kiŋ/k	争隔姓尺钉横
通	oŋ/k	oŋ/ok əŋ/k	铜谷六				

　　壮语音系长短元音对立保存比较完整：长元音对应外转，短元音对应内转。侗语的仅有 a 元音保持长短对立，开音节韵摄演变对应规律已经不太明显，但在鼻音、塞音韵摄里的表现则仍然非常明显，仍然是长元音对应外转，短元音对应内转。总体来看，和汉语方言相比，侗台语汉借词的语音表现和中古内外转对应更贴合，即长元音对应外转韵摄，短

元音对应内转韵摄。

那么，内外转的语音基础会不会就是元音长短？我们认为不是，因为这一观点存在如下问题。首先，如果长短作为区别性特征，那么一定会在中古的诗歌韵文中的到体现，但是这一假设并没有在中古韵文押韵习惯中得到证实。其次，以粤语和平话的长短元音分布和内外转的吻合来证明中古内外转的语音基础就是元音长短，存在逻辑问题。这一现象只能说明粤语和平话的长短元音和中古内外转有语音对应关系，并不能直接证明中古时代的内外转语音基础就是元音长短。再次，粤语和平话元音的"长短"并不是真正的长短。关于粤语的长短元音性质的讨论，刘叔新、石锋、麦耘等学者都有过讨论，均认为粤语的"长短"并非真正意义上的长短。平话和侗台语"长短"元音的性质和粤语是一致的，下面我们以粤语为对象集中讨论长短元音的性质。

从丹尼尔·琼斯到赵元任再到袁家骅《汉语方言概要》、北大中文系《汉语方音字汇》等都沿袭了西方音系学中的长短元音的概念，将粤方言元音的"长短"对立标写为 a: 和 a 的对立。但是不少学者就已经质疑广州话元音的长短性质。马学良、罗季光（1962）指出"如果一个语言仅只一对元音是长短对立的，像汉语广州话只有 a:、a，我们可以不必把这一对元音的长短性质突出出来，容许根据实际音值，以 a 表示 a:，以 ɐ 表示 a。"王力、钱淞生（1950）采用 a~ɐ 而没有采用长短元音说。刘叔新（1987、2003）将韵母上有"长短"对立的字制成调查表，通过调查发现，一般广州人对于全部有所谓长 a 与短 a 对立的韵母，语感上根本分不清元音的长短，但是能明显地感到音值上有差异，即元音有音质的不同。广州话的 a 和 ɐ 的长短不是音位对立的因素，只是音位差别中的伴随现象。石锋、刘艺（2002、2005）通过听辨实验，对香港粤语和广州粤语的 a 和 ɐ 进行考察，结果表明，二者之间的对立包含了时长和音质两个方面的音素，缺一不可。从押韵行为来讲，有长短对立的语言，人们对长短是很敏感的，长元音和长元音押韵，短元音和短元音押韵，但是粤语的情况却并不是这样的，孙景涛（2005）通过调查 2 万多首粤语歌曲发现，粤语的押韵行为表现为长短混押，无分组现象，这说明粤语的长短其实并不是真正的长短。

侗台语不同语言的调查材料对元音有其习惯上的记音方式，有的调查者习惯记作舌位高低之别，有的调查者习惯记作长短对立。这些不同的处理方式，正表现了记音者对侗台语所谓"长短"性质的不确定。马学良、罗季光（1962）指出傣语、黎语、壮语的长短元音除了时长外，舌位也有显著差异，不是单纯的时长对立。倪大白（2010）指出侗台语中长短元音的区别，不完全单纯是时长问题，二是和舌位的前后高低有关。一般情况是：高元音的短元音比长元音舌位低。低元音的短元音比长元音舌位高。另外，王建华（2006）对壮语的长短元音做了声学和听辨实验，实验都表明长短音的对立存在是多种因素综合作用的结果，既有音色的不同，也有时长因素的作用。蔡荣男（2003）对傣语的长短元音的声学性质做了声学实验，发现傣语长短元音既有时长的差别，也有舌位的差别。

此外，内外转在现代汉语方言中还有其他表现形式。这些表现也不全部能用元音长短来解释。下面我们看内外转在吴语、湘语、江淮官话、晋语等方言的表现形式，由于开音节韵摄演变剧烈，我们仅举鼻音韵摄为例来观察内外转的表现。为求简明，下表仅只举舒声韵。（材料来自俞光中 1986、刘勋宁 1993、钟奇 1997）

表4 内外转在部分汉语方言中的表现对照表①

	咸摄	深摄	山摄	臻摄	江摄	宕摄	梗摄	曾摄	通摄
上海	iø E	in ən	i ø uøyø E uE	in ənyn	ã ã iã uã	ã ã iã uã	in ən ã uã oŋioŋ	in ənoŋ ã	oŋioŋ
株洲	a:ni:n	ən in	a:ni:n	ən/i:n in	o:ŋio:ŋ	o:ŋio:ŋ	ən/ɒ:ŋi:n/ia:n	ən/i:n in	əŋ
湘乡	iã: ĩ:	an in	uã: ĩ:	iã: in	a:ŋiaŋ	a:ŋiaŋ	ã: õ: in/io:	ia: ian	an
合肥	æ ĭi	ən in	æ ĭi	ən in	ã iã	ã iã	ən in	ən in	əŋiŋ
清徐	ɛ ie	ʌ̃ iʌ̃	ɛ ie	ʌ̃ iʌ̃	ɒ iɒ	ɒ iɒ	ʌ̃ iʌ̃	ʌ̃ iʌ̃	uʌ̃
温州	a i	aŋ	y i	y/aŋaŋ/eŋ	a ia	a ia	iɛiŋ/ɛ	aŋiaŋ	oŋoŋ/ie

我们对上表进行一番简化，内外转的关系会更加直观：

表5 内外转在部分汉语方言中的表现简化表

	咸摄	深摄	山摄	臻摄	江摄	宕摄	梗摄	曾摄	通摄
株洲	V:N	VN	V:N	VN	V:N	V:N	VN/V:N	VN	VN
湘乡	Ṽ:	VN	Ṽ:	VN	V:N	V:N	VN	VN Ṽ:	VN
上海	V	VN	V	VN	V	V	VN Ṽ	VN	VN
温州	V	VN	VN V	V	V	V	VN/V	VN	VN
合肥	Ṽ	VN	Ṽ	VN	Ṽ	Ṽ	VN	VN	VN
清徐	V	Ṽ	V	Ṽ	V	V	Ṽ	Ṽ	Ṽ

在湘语中，株洲话外转韵摄为长元音，内转韵摄为短元音，韵尾均保持完整。湘乡话中，内转韵摄为短元音，同时鼻音韵尾保持完整。外转韵摄为长元音，鼻音韵尾转化为元音的鼻化特征。在吴语中，上海话和温州话外转韵摄阳声韵的鼻音韵尾失落，内转韵摄则保留。在合肥话中，大致外转韵摄的鼻音韵尾转化为鼻化，而内转韵摄的鼻音韵尾保持完整。在晋语清徐话中，大致外转韵摄的鼻音韵尾完全消失，而内转韵摄的鼻音韵尾转化为鼻化。从这些方言的表现可以看出：内外转不全部是长短元音，还有韵尾的对立，表现形式多种多样。这些表现显然不全部是长短元音能够解释的。所以，我们还须进一步深入思考内外转的语音基础。

4. 内外转语音基础的类型学解释

从上文的讨论中我们能看出，内外转不论表现为元音长/短的对立、正则/非正则的对

---

① 表中双横线表示文读，单横线表示白读。

立、鼻音韵尾有 / 无的对立等，都符合"清亮～含混"这一语音特征。那么能形成"清亮～含混"这一对立的区别性特征有哪些？我们认为内外转更可能在中古时代表现为元音松紧对立。

松紧对立是音系学中非常重要的一组区别性特征。雅柯布森上世纪四十年代末一系列文章中提出的六组区别性特征，之后上世纪五六十年代又进一步扩充到十二组，都有"紧音性–松音性"这对区别性特征。雅柯布森对松紧的解释是：松音性和紧音性的对立基于共鸣特征，紧音性取"＋"值，音长较长，能量较强。在《论法语音位模式》（1949）一文提出紧音性和松音性的对立包括饱和元音和半饱和元音的松和紧的对立，如 /a/～/ɑ/，/o/～/ɔ/，元音和半元音之间的对立，如 /i/～/j/。在《紧音性和松音性》（1962）一文中，雅柯布森和哈勒还格外强调曾被斯威特（1877）称为窄音（narrow）和宽音（wide）的两组英语元音音位也构成"紧音性–松音性"的对立，即 /i-ɪ/ 和 /u-ʊ/。简言之，紧元音发音到位，共鸣较强，音色清晰响亮，时长较长，往往表现为正则元音，而松元音发音不很到位，共鸣较弱，音色含混，时长较短，往往表现为非正则元音。

上个世纪五十年代以来，我国学者通过对民族语的调查研究，发现松紧对立在汉藏语系语言中分布广泛，而且表现形式多样，涉及调音和发声态等多个领域。近几年来随着对发声态研究的深入，对汉藏语系中的松紧现象有了更清晰的认识。朱晓农（2011）对松紧进行了细致的分类，我们据此可知，松紧大致分为以下二类：

第一类：涉及发声态（phonation mode）的松紧对立。东亚语言中的松紧主要来自发声态的不同，同时还伴随有音高、时长、邻接辅音性质的不同。发声态的不同又包含多种情况，朱晓农（2009）将和元音相关的发声态整理为从紧到松的一根轴：嘎裂声＞带声＞气声，在这根轴上，带声是基本的常态元音，另外两个发声态必须以带声为先决条件，带声跟它们任何一个可以构成松紧对立，但根据在轴上的地位而松紧取值不同，从而构成嘎裂声（紧）～带声（松）和带声（紧）～气声（松）两种松紧对立。第一种如哈尼语、彝语、德昂语的松紧对立，紧元音是嘎裂元音，松元音是常态带声元音；第二种如佤语的松紧对立，佤语的松元音是气声元音，紧元音是常态带声元音。

第二类：不涉及发声态的松紧对立。是由调音（articulation）造成的松紧对立，常见的主要和舌根位置的变化有关。舌根前伸（＋ATR）可以导致舌位下降，还可导致舌根部和咽腔壁肌肉紧张，就是紧元音，和舌根不前伸（–ATR）元音构成松紧对立。这类不涉及发声态的就是常态元音的松紧对立，英语、德语、非洲一些语言的松紧就属于这种类型（Ladefoged 1964）。但是，不管是上述那类松紧对立，都往往会伴随调音和时长的差异。

从中古韵图、汉语方言和民族语借词等材料来看，中古汉语的松紧应该属于第二类，即由调音造成的松紧对立。中古汉语的松紧没有发声态上的变化，松紧的对立是由调音造成的，最有可能的调音手段是舌根前伸（±ATR）。舌根前伸的韵摄为外转，舌根和咽腔壁肌肉有紧张特点。舌根不前伸为内转，舌根部位肌肉处于自然松弛状态。

从类型学的角度看，东亚语言的松紧比较普遍，长短则否，很多所谓的长短对立，其实并不是真正的长短对立。粤语的所谓长短和常态发声的松紧有密切关系。朱晓农（2011）从时长、音质（调音）、声质（发声）三个角度对粤语的元音和英语的松紧元音进行比较，认为二者一致。

表 6　英语和粤语长短元音的表现异同表

	举例	时长	音质（调音）	声质（发声）
英语	ɪ、ʊ~i、u	松短～紧长	松中央～紧外围	都是常态发声
粤语	ɪ、ʊ~i、u	松短～紧长	松中央～紧外围	都是常态发声

　　松紧和长短有密切的交叉表现关系，英语的松元音 ɪ、ʊ 时长较短，音值较中央，紧元音 i、u 时长较长，音值较外围。正是由于松紧和长短存在这些共同表现，所以粤语元音的长短和松紧关系非常密切。粤语、平话和侗台语的长元音发音较紧，短元音发音则较松，长元音比一般短元音更靠近元音四边图的外围。粤语元音的长短肯定不是简单的长短，从目前的研究来看应该就是不涉及发声态的松紧对立。侗台语长短元音的性质和粤语广州话一致，即表现在时长和舌位高低多个方面。结合粤语元音长短性质的讨论，我们认为侗台语的元音长短也是来源于松紧。

　　最后，我们总结一下本文观点：内外转的语音基础是中古时期元音的松紧对立，构成内外转对立的韵摄，元音两两松紧对立，外转的主元音为紧元音，往往为正则元音，内转的主元音为松元音，往往为对应的非正则元音。紧元音听感清亮，松元音听感含混，古人正是根据听感上的这一区别划分内外转的。内外转在现代汉语方言和侗台语汉借词中有多种表现形式，其来源就是中古时期的松紧对立。

参考文献

毕谦琦. 粤语、平话和南方民族语中的元音前高化现象［J］. 语言研究，2017（3）.

蔡荣男. 傣语长短元音的声学分析［J］. 南开语言学刊，2003.

陈泽平. 从现代方言释《韵镜》假二等和内外转［J］. 语言研究，1999（总第 37 期）.

陈广忠. 释《韵镜》内、外转［C］// 中国音韵学研究会，石家庄师范专科学校. 音韵论丛. 济南：齐鲁书社，2004.

陈振寰. 音韵学［M］. 长沙：湖南人民出版社，1986.

陈振寰. 内外转补释［J］. 语言研究，1991（增刊）.

杜其容. 释内外转名义［C］// 中央研究院历史语言研究所. 中央研究院历史语言研究所集刊：第四十本上册，1968.

杜其容. 释内外转名义［C］// 杜其容. 声韵论集. 北京：中华书局，2008.

董同龢. 等韵门法通释［C］// "中研院" 历史语言研究所. "中研院" 历史语言研究所集刊：第十四本，1948.

敦林格（欣伯译）. "汉语里的长短元音" 一文简介［J］. 语言学动态，1978（3）.

冯法强. 江淮官话知二庄按内外转分化考察［J］. 语言科学，2014（3）.

高华年. 广州方言研究［M］. 香港：香港商务印书馆，1980.

高华年. 粤方言研究中的几个理论问题［J］. 学术研究，1990（6）.

胡坦，戴庆厦. 哈尼语元音的松紧［J］. 中国语文，1964（1）.

赖福吉（张维佳译）. 世界语音［M］. 北京：商务印书馆，2015.

李新魁. 广州方言研究［M］. 广州：广东人民出版社，1995.

李新魁. 汉语音韵学［M］. 北京：北京出版社，1986.

李新魁. 韵镜校正［M］. 北京：中华书局，1982.

李新魁. 论内外转［C］// 中国音韵学研究会. 音韵学研究：第二辑. 北京：中华书局，1986.

梁敏. 侗语简志［M］，中国少数民族语言简志丛书（修订本）卷三. 北京：民族出版社，2009.

刘叔新. 广州话的长短元音问题［C］// 南开大学中文系语言学教研室. 语言研究论丛：第三辑. 天津：
　　　天津人民出版社，1987.

刘叔新. 广州话的长短元音问题［C］// 刘叔新. 刘叔新自选集. 开封：河南教育出版社，1993.

刘叔新. 广州话元音音位的两个问题［C］// 詹伯慧（主编）. 第八届国际粤方言讨论会论文集. 北京：
　　　中国社会科学出版社，2003.

刘叔新. 广州话元音音位的两个问题［C］// 刘叔新. 粤语壮傣语问题. 北京：商务印书馆，2006.

刘勋宁. 古入声在清涧话中的分化与广州话的长短入［C］// 北京大学中文系《语言学论丛》编委会.
　　　语言学论丛：第十辑. 北京：商务印书馆，1983.

罗常培. 释内外转——《等韵释疑》二,《释词》三［C］// "中研院"历史语言研究所. "中研院"历史
　　　语言研究所集刊：第四本第二分，1933.

罗常培. 释内外转——《等韵释疑》二,《释词》三［C］// 罗常培. 罗常培语言学论文集. 北京：商务
　　　印书馆，2004.

罗常培. 唐五代西北方音［M］. 北京：商务印书馆，2012.

罗美珍. 傣语长短元音和辅音韵尾的变化［J］. 民族语文，1984（6）.

陆志韦. 古音说略［M］. 哈佛燕京学社出版，1947.

陆志韦. 古音说略［C］// 陆志韦. 陆志韦语言学著作集（一）. 北京：中华书局，1985.

马学良，罗季光. 我国汉藏语系语言元音的长短［J］. 中国语文，1962（5）.

马学良，罗季光. 我国汉藏语系语言元音的长短［C］// 中央民族大学中国少数民族语言文学学院. 马
　　　学良文集·语言文字与教学篇. 北京：中央民族大学出版社，2009.

麦耘. 汉语史上中古时期内部阶段的划分——兼论早期韵图的性质［C］// 潘悟云（主编）. 东方语言与
　　　文化. 上海：东方出版中心，2002.

倪大白. 侗台语概论［M］. 北京：民族出版社，2010.

潘悟云. "轻清"、"重浊"释［J］. 社会科学战线，1983（2）.

潘悟云. 语言接触与汉语南方方言的形成［C］// 邹嘉彦，游汝杰（主编）. 语言接触论集. 上海：上海
　　　教育出版社，2004.

潘悟云. 汉语元音的演变规则［C］// 复旦大学汉语言文字学科《语言研究集刊》编委会. 语言研究集
　　　刊：第十辑. 上海：上海辞书出版社，2013.

曲长亮. 雅柯布森音系学理论研究［M］. 北京：世界图书出版公司，2015.

孙景涛. 形态构词与古音研究［C］// 浙江大学汉语史研究中心. 汉语史学报：第五辑. 上海：上海教
　　　育出版社，2005.

石锋，刘艺. 香港粤语长短元音的听辨实验［C］// 潘悟云（主编）. 东方语言与文化. 上海：东方出版
　　　中心，2002.

石锋，麦耘. 广州话长［a］和短［a］元音的听辨实验［J］. 中国语文研究，2003（2）.

石林. 侗语声调的共时表现和历史演变 [J]. 民族语文, 1991 (5).

覃晓航. 壮语元音的长短在方言中与声、韵母的关系 [J]. 贵州民族研究, 1989 (1).

王福堂. 广州方言韵母中长短元音和介音问题 [C] // 戴庆厦 (主编). 汉藏语学报: 第 2 期. 北京: 商务印书馆, 2008.

王建华. 基于实验的粤壮语长短元音对立本质研究 [D]. 南宁: 广西大学硕士论文, 2006.

薛凤生. 等韵学之原理与内外转之含义 [J]. 语言研究, 1985 (1).

杨军. 七音略校笺 [M]. 上海: 上海古籍出版社, 2003.

杨军.《韵镜》所标"内"、"外"再研究 [M]. 音韵研究, 2006.

杨军.《韵镜》所标"内"、"外"再研究 [C] // 黄德宽主编. 安徽大学汉语言文字研究丛书·杨军卷. 合肥: 安徽大学出版社, 2013.

佚名. 四声等子 [M],《丛书集成》初编. 上海: 商务印书馆, 1937.

司马光. 宋本切韵指掌图 [M]. 北京: 中华书局, 1986.

俞光中. 说内外转 [C] // 中国音韵学研究会. 音韵学研究: 第二辑. 北京: 中华书局, 1986.

詹伯慧. 广东粤方言概要 [M]. 广州: 暨南大学出版社, 2002.

张玉来. 再释内外转并论及早期韵图的性质 [J]. 语言研究, 2009 (3).

郑张尚芳. 上古音系 [M]. 上海: 上海教育出版社, 2003.

钟奇. 广州话的长短音在其他方言中的对应——兼评粤语长短音非汉语底层说 [C] // 第五届国际粤方言研讨会. 广州: 暨南大学出版社, 1997.

周祖谟. 宋代汴洛音与广韵 [C] // 周祖谟. 问学集. 北京: 中华书局, 1966.

周祖谟. 宋人等韵图中转字的来源 [C] // 周祖谟. 问学集. 北京: 中华书局, 1966.

周祖谟. 北宋汴洛语音考 [C] // 周祖谟. 问学集. 北京: 中华书局, 1966.

朱晓农. 北宋中原韵辙考 [M]. 北京: 语文出版社, 1989.

朱晓农. 声调起因于发声——兼论汉语四声的发明 [C] // 复旦大学汉语言文字学科《语言研究集刊》编委会. 语言研究集刊: 第六辑. 上海: 上海辞书出版社, 2009.

朱晓农, 周学文. 嘎裂化: 哈尼语紧元音 [J]. 民族语文, 2008 (4).

朱晓农, 刘劲荣, 洪英. 拉祜语紧元音: 从嘎裂声到喉塞尾 [J]. 民族语文, 2011 (3).

Ladefoged P.A Phonetic Study of West African Languages [M]. Cambridge: Cambridge University Press, 1964.

图书在版编目(CIP)数据

东方语言学. 第十八辑/上海师范大学语言研究所
主编. —上海:上海教育出版社,2018.12
ISBN 978 - 7 - 5444 - 9228 - 7

Ⅰ. ①东…　Ⅱ. ①上…　Ⅲ. ①语言学-文集　Ⅳ.
①H0 - 53

中国版本图书馆 CIP 数据核字(2019)第 114141 号

责任编辑　朱宇清
书籍设计　陆　弦

东方语言学. 第十八辑
《东方语言学》编委会
上海师范大学语言研究所

出版发行　上海教育出版社有限公司
官　　网　www.seph.com.cn
地　　址　上海市永福路 123 号
邮　　编　200031
印　　刷　上海昌鑫龙印务有限公司
开　　本　787×1092　1/16　印张 9.5　插页 2
字　　数　250 千字
版　　次　2019 年 7 月第 1 版
印　　次　2019 年 7 月第 1 次印刷
书　　号　ISBN 978 - 7 - 5444 - 9228 - 7/H・0315
定　　价　52.00 元

如发现质量问题,读者可向本社调换　电话:021 - 64377165